KB070411

자화상을 통해 본
화가의 심리세계

거울에 비친 유명화가 35인의
심리세계를 엿보다

거울에 비친
유명화가
35인의
심리세계를
엿보다

자화상을 통해 본

화가의 심리세계

정신건강의학과 전문의 이병욱 지음

학지사

사랑하는 아내 명자에게
이 책을 바친다.

프롤로그
화가들은 왜 자화상을 그렸을까

전통적으로 동양화에서는 자연이 주인이며 인간은 그리 중요한 위치를 점하지 못한다. 따라서 동양화가들은 인간의 묘사를 소홀히 하였으며 화폭의 극히 작은 일부에 배치시키는 것이 상례였다. 좋게 말하면 자연숭배요, 나쁘게 말하면 인간홀대다. 인간을 대자연의 일부로 간주했기 때문이다.

하지만 서양화에서는 인본주의가 우선이다. 따라서 자연도 중요하지만 인간의 묘사가 더욱 큰 비중을 차지해 왔다. 그리고 인간의 행동과 표정, 자세와 시선은 매우 중요한 과제가 되어 왔다. 그중에서도 자화상은 서양화의 가장 큰 특징을 이루는 부분이기도 하다. 서양미술사에서 조각이 차지하는 비중이 클 수밖에 없었던 이유도 인물을 중시하는 그들의 전통에서 비롯한다.

이처럼 동서양의 차이가 날 수밖에 없는 이유는 자연과 사물 그리고 인간에 대한 인식론적 태도의 차이에 의한 것으로 생각된다. 그리고 그런 차이는 육안적으로 가장 분명하게 드러나는 회화적 기법을 통해 확인할 수 있는 사실이기도 하다. 현대에 이르기까지 우리나라의 서양화가들조차 자화상을 거의 그리지 않고 있는 현상도 어찌 보면 오랜 동양적 전통에 따른 풍조가 아닐까 한다.

그럼에도 시인 윤선도의 증손자이며 이조 숙종 때 화가로 활동했던 윤두서

(尹斗緒, 1668 – 1715)의 자화상을 보면 동양화치고는 매우 정교하게 그려져 있음을 알 수 있는데, 그보다 거의 100년 뒤에 활동했던 김홍도(金弘道, 1745 – 1806)의 자화상과 비교해 보더라도 훨씬 더 정교한 모습이라 할 수 있다. 그런 점에서는 오히려 김홍도의 스승이었던 강세황(姜世晃, 1713 – 1791)의 자화상이 제자의 것보다 더욱 정교함을 알 수 있다. 더욱이 김홍도와 동시대에 활동한 신윤복(申潤福, 1758 – ?)의 미인도와 그보다 무려 100년이나 앞선 시기에 활동했던 영국의 여류화가 메리 빌(Mary Beale, 1632 – 1699)이 그린 자화상과 비교해 보면 사실적인 측면에서 동서양의 차이를 더욱 확연히 구분할 수 있게 된다.

어쨌든 화가가 자화상을 남기는 이유는 여러 가지 면에서 생각해 볼 수 있겠지만, 우리가 주목하는 부분은 바로 그런 자화상을 통해 엿볼 수 있는 화가 자신의 내면적 상태에 있다. 자화상이야말로 화가의 심리를 가장 잘 드러내는 내면적 거울이라 할 수 있기 때문이다. 서양미술의 역사에서 자신을 모델로 조각품을 남긴 인물은 없어도 자화상을 남긴 화가들은 무수히 많다. 물론 동서양을 불문하고 초상화는 널리 그려졌지만, 자화상만은 유독 서양화에서만 두드러진 특징을 이룬다. 그것은 그만큼 서양화가들의 자의식이 동양화가들에 비해 상대적으로 유달리 컸기 때문일 것으로 보인다.

물론 종교화를 특징으로 하던 중세에는 노골적으로 화가 자신의 모습을 담은 자화상을 보기가 매우 드물지만, 그럼에도 일부 화가들은 화폭 속의 주인공들 틈에 자신의 얼굴을 묘사하는 수법으로 자화상을 남기기도 했다. 그러나 중세 암흑시대의 신본주의가 퇴색하고 인본주의가 더욱 강조되었던 르네상스 이후 화가들은 더욱 대담한 수법으로 자신의 모습을 형상화하기에 이르렀는데,

그중에서 가장 두드러진 화가는 독일의 뒤러였다. 그리고 그의 뒤를 이은 렘브란트 역시 많은 자화상을 남겼다.

화가들이 자신을 모델로 작업한 이유에는 물론 여러 이유가 있었을 것이다. 가장 현실적인 이유로는 적절한 모델을 찾기가 어려웠을 수 있다. 특히 무명시절의 화가 입장에서는 모델료 지급이 어려워 궁여지책으로 자신을 모델로 삼았을 수 있다. 평생을 가난과 궁핍 속에 살았던 고흐나 렘브란트 등이 특히 그러했다. 그러나 뭉크처럼 그다지 생활에 쪼들리지 않았던 화가의 경우에도 자신의 내적 감정이나 갈등을 표현하는 수단으로 자화상을 선택한 경우도 많다.

누구나 마찬가지로 화가들 역시 겉과 속은 다를 수 있다. 하지만 그 누구보다 예민한 감수성을 지녔던 화가들은 자신의 내면 상태를 직접 육안적으로 표출하고픈 욕구가 남달리 강했기 쉽다. 화가는 손으로 그리는 것이 아니라 눈으로 그린다는 말도 있지 않은가. 화가가 주관적으로 바라보는 빛과 형상의 조합에 따라 그가 관찰하는 대상은 새로운 모습으로 다시 태어나는 것이다. 따라서 그가 형상화시킨 작품은 화가 자신의 내적 투영물이라 해도 과언이 아닐 것이다. 노란색을 유달리 즐겨 사용했던 고흐가 대표적인 예라고 할 수 있다.

작가들이 쓰는 자서전은 오랜 시간을 들여 가필과 수정을 반복하는 가운데 자연스레 사실과 다른 과장되고 왜곡된 내용으로 변할 소지가 다분하다. 하지만 화가들이 그리는 자화상은 그 어떤 충동에 이끌려 자신과의 대결을 통해 그림으로 형상화하기 때문에 그런 왜곡의 기회가 허용되기 어렵다는 특성을 지닌다. 그런 점에서 화가 자신의 어느 한 시점을 순간적으로 포착해 묘사하는 자화상은 글로 쓴 자서전에 비해 더욱 솔직하고 대담하게 자신의 모습을 드러내기 쉽다.

자화상에 반영된 화가들의 내면세계를 살펴보는 일은 소설에 반영된 작가의 심리를 탐색하는 일에 비해 더욱 어려운 작업임에 틀림없다. 인간의 표정과 기분은 수시로 변할 수 있기 때문이다. 하지만 대부분 화가들의 자화상에서 발견할 수 있는 공통점은 무엇보다 어둡고 우울한 표정이라 할 수 있다. 밝고 행복에 가득 찬 모습은 거의 찾아보기 어렵다. 렘브란트의 다소 익살스러운 표정을 제외하고는 거의 모든 화가들에서 고독과 우울의 단서를 읽어 낼 수 있다.

그런데 왜 그들은 한결같이 불행에 가득 찬 표정을 지었을까. 그토록 많은 표정 가운데 하필이면 왜 그런 어두운 표정을 순간적으로 포착해 영구적인 증거로 남겼을까 궁금해진다. 누구나 그렇듯이 어둠과 슬픔은 애써 잊으려 하지 않는가. 그럼에도 그들이 군이 그토록 자신의 어두운 순간을 불멸의 초상으로 남겨놓은 이유는 자기초월적 의지의 소산으로 여길 수도 있겠다. 그들은 그렇게 해서라도 고통과 갈등의 순간을 뛰어넘고 싶었는지 모른다.

자화상을 남긴 유명화가로 이 책에서 소개한 인물은 모두 35명이다. 중세 르네상스 시대를 대표하는 레오나르도 다 빈치, 미켈란젤로, 라파엘을 위시해서 뭉크, 모딜리아니 등 20세기 현대 화가들에 이르기까지 35명의 화가들이 남긴 자화상을 통해 그들의 심리적 상태를 단편적이나마 다루어 보고자 했다. 다만 저작권 등의 기타 사정으로 인해 피카소, 샤갈, 달리, 프리다 칼로, 루시안 프로이드, 판위량, 구사마 야요이 등을 비롯하여 국내작가의 자화상을 직접 소개하지 못한 아쉬움이 남는다.

이 책에서 다룬 화가들의 대부분은 결코 안락하고 행복한 세월을 보내지 못한 인물들이다. 물론 피카소나 루시안 프로이드처럼 엄청난 부를 축적한 화가들도 없는 건 아니지만, 대부분의 화가들은 가난과 우울 속에서 고통받는 삶을 보내야 했다. 따라서 그들은 자화상을 통해 자신들의 불행한 삶의 단면을 화폭에 담아냄으로써 스스로를 달래며 위안 삼았기 쉽다. 창조적 예술 활동의 힘은 바로 그런 시련과 고난의 승화 및 극복에 있는 것이 아니겠는가.

그런 점에서 일찍이 지그문트 프로이트는 〈창조적 작가와 백일몽〉에서 이르기를, "행복한 인간은 결코 몽상하지 않는다. 오로지 만족을 느끼지 못하는 사람만이 몽상에 빠진다."라고 단언했는데, 그가 한 말은 창작 활동에 자신의 모든 것을 내던지는 예술가에게 딱 들어맞는 말이 아닐 수 없다. 실제로 부귀영화를 누리며 행복한 삶을 만끽한 사람치고 창조적 예술가로 이름을 남긴 사람은 정말 찾아보기 힘들다. 화가로서는 매우 예외적으로 부와 명성을 얻은 피카소, 루시안 프로이드도 사생활 면에서는 결코 행복하지 못했다.

프로이트가 '정신적으로 건강한 삶이란 무엇인가?'라는 질문에 대해 '일과 사랑의 조화'라는 한마디로 간단히 정의 내리기도 했지만, 그것은 말처럼 그리 손쉬운 일이 아닐 것이다. 왜냐하면 누구나 다 정도의 차이는 있겠지만, 신경증적 요인으로 인해 일과 사랑의 조화에 어려움을 느낄 수밖에 없기 때문이다.

특히 감수성이 유달리 민감하고 성격적으로 예민한 예술가들은 일반인에 비해 상대적으로 개인적 욕망과 현실적 한계 사이에서 더욱 큰 갈등에 시달리기 쉽다. 하지만 예술가의 창조적 원천이 무의식적 소망과 갈등을 충족시키려는 시도에서 비롯된 것으로 본 프로이트의 주장처럼 그런 갈등이 오히려 창조적 영감의 원천이 될 수 있다는 점에서 볼 때, "신경증은 예술을 만들고, 예술은 신경중을 낮게 한다."는 명언을 남긴 프랑스 작가 앙드레 모로아의 놀라운 심리학적 혜안에 감탄을 금치 못하게 된다.

이 책에서 소개한 천재적 화가의 대대수는 일생 동안 정신적 고통과 갈등에서 결코 자유롭지 못했던 인물들이다. 비록 그들은 프로이트가 주장한 무의식과 승화의 개념을 알지 못한 채 생을 마치고 말았지만, 창조적 예술 활동 자체가 본질적으로 갈등을 먹고 산다는 점에서 본다면, 적절한 갈등 해소책을 얻을 수 없었던 화가들이 자신의 고통스러운 내면을 자화상을 통해서라도 표출시킬 수밖에 없었던 것은 그만큼 자기 치유에 대한 갈망이 절실했다는 사실을 반영하는 것이 아니겠는가.

우리가 이 책을 통해서 알 수 있는 사실 한 가지는 위대한 걸작을 남긴 천재 화가들일수록 이상과 현실 사이에서 남다른 고통과 갈등을 겪었으며, 그런 갈등의 해소책으로 수많은 자화상을 남겼다는 점이다. 우리는 그런 자화상을 통해 창조적 주체인 화가들의 은밀한 내면적 상황을 이해할 수 있는 기회를 얻을 뿐 아니라, 시대적 간격을 뛰어넘어 인간적 고뇌의 승화과정이 얼마나 중요한 과제인지 깨닫게 되는 기회가 되었으면 한다.

끝으로 부족한 점이 많은 졸고를 책으로 펴내 주신 학지사의 김진환 사장님과 그동안 수고해 주신 편집부 직원 여러분께 감사의 말씀 올린다.

이병욱

차례

PART 3 인간의 내면을 붓과 물감에 담아내다
19세기 화가들

PART 4 혼돈과 해체의 시대를 맞이하여
20세기 현대 화가들

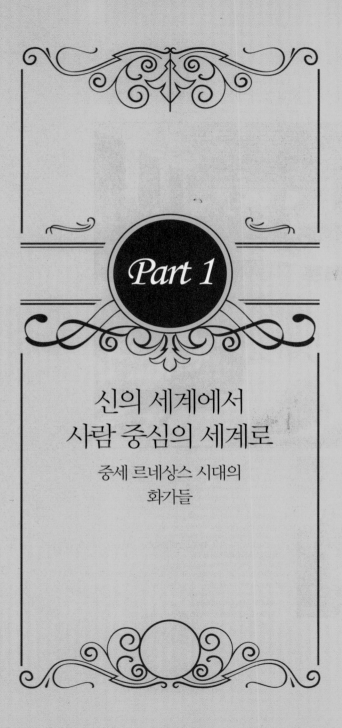

Part 1

신의 세계에서
사람 중심의 세계로

중세 르네상스 시대의
화가들

Part 1

신의 세계에서 사람 중심의 세계로 중세 르네상스 시대의 화가들

1 레오나르도 다 빈치, 최후의 만찬, 1498년, 460×880cm, 밀
라노, 산타 마리아 성당

2 미켈란젤로, 아담의 창조, 1510년, 프레스코화, 280×570cm,
로마, 시스티나 대성당

3 라파엘, 알렉산드리아의 성 카테린, 1507년, 오일용 캔버스,
72.2×55.7cm, 런던, 국립 미술관

레오나르도 다 빈치

서양미술사 전체를 통틀어 가장 위대한 화가로 손꼽히는 레오나르도 다 빈치Leonardo da Vinci, 1452-1519는 천재 중의 천재로 화가이자 조각가, 발명가, 건축가, 도시계획가, 식물학자, 천문학자, 지리학자인 동시에 음악가이기도 했으며, 해부학에도 조예가 깊었다. 그의 대표작 〈모나리자〉는 신비로운 미소로 유명하지만, 그의 생애 역시 모나리자의 미소만큼이나 수수께끼 같은 삶의 흔적들로 가득하다.

가난한 시골 농부의 딸이 낳은 사생아로 태어나 제대로 된 교육조차 받지 못한 데다 어린 나이에 어머니와 떨어져 자란 그가 어떻게 그토록 위대한 화가이자 모든 분야에 통달한 천재가 될 수 있었는지 실로 놀라울 따름이다. 비록 그는 평생을 독신으로 보내며 금욕적인 삶을 살았지만, 경건한 신앙심에도 불구하고 그 자신의 삶은 그다지 행복해 보이지 않는다. 물론 그런 내면적인 사정을 우리가 자세히 알 도리는 없겠으나, 그가 남긴 자화상을 통해 어렴풋이나마 짐작해 볼 수는 있을 것 같다.

60세 때 그린 그의 자화상을 보면, 얼굴 전체를 뒤덮고 있는 장발과 긴 턱수염, 그리고 굳게 다문 입술, 상념에 쌓인 듯한 어두운 시선 등으로 마치 산에서

그림 1 레오나르도 다 빈치, 자화상, 1512년, 적색 분필화, 33.3×21.6cm, 토리노 왕립 도서관

방금 내려온 대머리 수도승과 비슷한 모습을 하고 있다. 그것은 결코 밝고 행복한 표정이 아니며 매우 외롭고 쓸쓸해 보이기까지 한다. 그는 평생 동안 육식을 거부한 채식주의자로 금욕적인 삶을 살았기 때문에 수도승과 같다는 표현이 지나친 것도 아닐 듯싶다(그림 1).

그런데 토리노 왕립도서관에 소장 중인 이 자화상은 일찍부터 진위 여부에 휩싸인 작품으로 실제 나이보다 훨씬 더 늙어 보인다는 점에서 자화상이 아니라 레오나르도 다 빈치의 아버지 또는 삼촌 프란체스코의 초상일 가능성, 그리고 붓 터치 기법이 다르다는 점에서 위작일 가능성이 꾸준히 제기되어 왔으며, 특히 레오나르도 다 빈치의 작품을 연구하는 데 일생을 바친 18세기 이탈리아 화가 주세페 보시 Giuseppe Bossi, 1777-1815가 그린 모조품이라는 설이 유력하지만, 입증된 사실은 아니다.

일설에 의하면, 보시는 라파엘의 걸작 〈아테네 학당〉에서 묘사된 플라톤의 얼굴이 레오나르도 다 빈치를 모델로 그려진 것이라는 풍문을 믿고 그에 따라 레오나르도 다 빈치의 초상화를 그렸다는 주장도 있는데, 사실 그 작품에서 제자인 아리스토텔레스와 열띤 토론을 벌이는 플라톤의 모습은 레오나르도 다 빈치와 너무도 비슷하게 닮았다. 유난히 돋보이는 대머리와 길게 늘어진 수염이 특히 그렇다(그림 2).

그림 2 라파엘, 아테네 학당 중 일부(좌: 플라톤, 우: 아리스토텔레스), 1509-1511년, 프레스코화, 500×770cm, 바티칸 교황청

하지만 2008년 이탈리아 살레르노에서 발견된 레오나르도 다 빈치의 자화상을 보면 그의 외모가 결코 남보다 뒤지지 않는데다 피부 또한 생각보다 매끄러움을 알 수 있는데, 그의 표정 역시 그렇게 심각하거나 우울해 보이지는 않는다. 비록 벗겨진 앞머리를 모자로 감추고 이마는 약간 찌푸린 모습이지만 그래도 입가에는 야릇한 미소조차 머금고 있다(그림 3).

그림 3 레오나르도 다 빈치, 자화상, 1505–1510년, 템페라화, 60×40cm, 이탈리아 루카니아, 고대 미술관

물론 50대의 모습이라 그럴 수도 있겠으나, 앞서 소개한 늙고 심술궂은 모습의 자화상에 비하면 같은 인물로 보기 힘든 것 또한 사실이다. 그런 점에서 그의 애제자 가운데 한 사람이었던 귀족 출신의 프란체스코 멜치Francesco Melzi, 1491–1568가 그린 레오나르도 다 빈치의 초상은 말년에 이른 그의 모습을 그나마 가장 사실적으로 묘사한 작품으로 꼽힌다(그림 4).

토리노에 소장된 자화상보다 5년 뒤에 그려진 작품임에도 불구하고 주름살도 거의 없고 한결 깔끔한 모습이며 표정도 매우 온화해 보인다는 점이 다르다고 할 수 있다. 멜치는 레오

그림 4 프란체스코 멜치, 레오나르도 다 빈치의 초상, 1515년, 적색 분필화, 27.5×19cm, 영국 왕실 소장

나르도 다 빈치가 죽을 때까지 그의 곁을 지키며 보필했던 인물로, 스승을 아버지처럼 섬기며 따랐던 제자였으니 그가 묘사한 레오나르도 다 빈치의 초상이 가장 정확한 실물 그대로의 모습이라 할 수 있겠다.

평생을 결혼하지 않고 독신을 고수했던 레오나르도 다 빈치는 이탈리아 중부 토스카나 지방의 산골마을 빈치에서 사생아로 태어났다. 그의 친부 피에로 다 빈치는 공중인이었고 어머니 카테리나는 가난한 시골 촌부였다. 그가 태어난 것은 신대륙을 발견한 콜럼버스가 태어난 이듬해였으며, 동시대에 활동한 미켈란젤로와는 20년 이상 나이차가 나지만, 이들 세 사람은 그 누구도 해낼 수 없는 위대한 업적을 쌓았다는 점에서 중세 암흑기가 낳은 가장 위대한 인물로 꼽히기에 손색이 없을 것이다.

흔히들 그를 지칭할 때 '다 빈치'라 줄여서 부르는 것은 잘못된 용법이다. 정확히 말하면 '빈치 출신의 레오나르도'라는 뜻이기 때문이다. 그런 식으로 부른다면 프란체스카 다 리미니도 그냥 줄여서 다 리미니로 불러야겠지만, 리미니 역시 지역 명칭일 뿐이다. 비록 사생아로 태어났지만, 다섯 살이 될 때까지 시골 농가에서 어머니와 함께 지낸 그는 그 후 생부의 집으로 보내져 줄곧 그곳에서 지내면서 아버지와 계모, 많은 이복형제들 눈치를 보며 자랄 수밖에 없었는데, 무려 네 번이나 결혼한 아버지는 16세 어린 소녀와 혼인하기까지 했던 인물로, 그런 아버지 밑에서 사생아 신분으로 자라야 했으니 어린 마음에도 적지 않은 상처를 받으며 매우 외롭고 힘겨운 시기를 겪었을 것이다. 그런 성장과정 때문인지 그는 몹시 내성적인 성격을 지니게 되었다.

14세 무렵 아버지의 지시에 따라 피렌체로 이주한 그는 당대 최고의 화가로 꼽히던 베로키오의 문하생이 되어 그림을 배우기 시작했는데, 제자의 재능을 한눈에 알아본 스승은 자신은 조각에만 전념하고 회화는 전적으로 제자인 레오나르도 다 빈치에게 일임할 정도로 그의 재능을 인정하고 있었다. 20대 초반에 회화 수업을 마친 그는 스승의 화풍을 벗어나기 위해 무던히 애썼는데, 이 시기에 그린 〈수태고지〉에서 엿볼 수 있듯이 이미 자신의 독자적인 화법과 분위기를 풍기기 시작했다.

물론 그는 시대에 적응하기 위해 〈최후의 만찬〉 등을 비롯한 많은 성화를 그렸지만, 그중에서도 특히 성모를 주제로 한 작품들이 주를 이룬다고 볼 수 있다. 그의 걸작으로 꼽히는 〈수태고지〉, 〈석죽 성모〉, 〈베노바 가의 성모〉, 〈암굴의 성모〉, 〈리타의 성모〉, 〈성 모자와 성 안나〉의 성모상과 더불어 〈모나리자〉 등의 작품들은 자신의 이상적인 어머니상에 대한 신비화 작업의 산물로 보이기도 한다.

프로이트는 레오나르도 다 빈치에 대한 분석에서 그의 모성 콤플렉스를 언급한 적이 있는데, 어머니를 신성시하는 유아적 특성은 소위 마돈나 – 창녀 콤플렉스Madonna-whore complex로 이어져 건전하고 정상적인 여성과는 성관계를 맺지 못하는 반면에, 신분이 낮은 여성을 상대로 했을 경우에만 성관계가 가능해지는 매우 신경증적인 상태를 초래한다는 것이다.

하지만 프로이트는 자신의 논문에서 결정적인 실수를 범하고 말았는데, 그것은 〈성 모자와 성 안나〉의 그림에서 동정녀 마리아가 걸치고 있는 치마폭이 독수리의 형상을 나타낸 것으로 보고 독수리의 꼬리가 아기의 입술을 건드리며 자극하는 모습이 수동적인 형태의 동성애적 유아기 환상을 드러낸 것이라 주장했기 때문이다(그림 5).

그림 5 레오나르도 다빈치, 성 모자와 성 안나, 1510년, 목판에 유채, 168×112cm, 파리, 루브르 박물관

그러나 프로이트의 이런 주장은 어릴 적 기억을 회상한 레오나르도 다 빈치의 기록을 잘못 해석한 데서 비롯된 것으로 보인다. 레오나르도 다 빈치의 고백에 의하면, 자신이 솔개에 유달리 강한 호기심을 지니게 된 이유는 그가 지녔던 가장 최초의 기억 때문인데, 그 기억은 자신이 갓난아기 시절, 요람에 누워 있을 때 솔개 한 마리가 하늘에서 갑자기 내려와 그 꼬리로 자신의 입을 강제로 벌리고 자극하며 공격했다는 내용으로 되어 있다.

프로이트는 그의 이런 회상을 이집트 전설에 나오는 내용과 유사하게 독수리를 어머니의 상징으로 해석하고 결국 레오나르도 다 빈치의 환상은 엄마 젖을 빨던 기억에서 유래한 것으로 보았는데, 불행히도 프로이트는 원래 레오나르도 다 빈치가 의미했던 솔개를 번역자의 실수로 독수리라고 표현된 기록에 근거해 잘못 인용한 셈이다. 레오나르도 다 빈치는 평소에도 돈을 주고 사들인 새들을 새장 안에 키우다가도 곧바로 풀어 주는 습관이 있었는데, 이런 기묘한 습관 역시 새로 상징되는 어머니에 대한 양가적인 태도를 드러낸 것으로 볼 수 있다.

  말년에 기록된 레오나르도 다 빈치의 또 다른 회상은 그가 산속에서 한 동굴을 발견했을 때, 그 안에 거대한 괴물이 숨어 있을지도 모른다는 두려움과 함께 그 안에 무엇이 들어 있는지 찾아보고 싶은 호기심이 들었다는 내용인데, 그의 이런 회상 역시 모태에 대한 그리움과 동시에 여성에 대한 두려움을 역설적으로 드러낸 모습으로 볼 수 있다. 그런 이유 때문인지 그는 성모상뿐 아니라 아기의 출산과정에 대해서도 많은 관심을 지니게 된 것으로 보인다(그림 6).

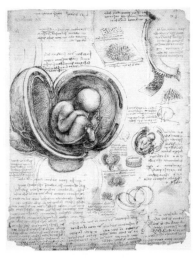

그림 6 레오나르도 다 빈치, 태아 연구, 1509–1514년, 펜화, 30.5×22cm, 영국 윈저 왕립도서관

  어쨌든 동성애적 유아기 환상의 잔재로 해석한 프로이트의 주장을 전혀 근거 없는 낭설로만 보기도 어렵다. 왜냐하면 레오나르도 다 빈치의 여성기피증뿐만 아니라 동성애적 성향도 무시할 수 없는 사실이기 때문이다. 실제로 그는 24세 때 이미 다른 여러 명의 청년과 함께 남창을 상대로 남색 행위를 벌였다는 혐의로 법정에 고소를 당한 적이 있었는데, 비록 증거 불충분으로 풀려나긴 했지만 그것은 피고인 중의 한 명이 당시 세도가 막강했던 메디치 가문에 속했던 인물로 결국 외압에 의해 사건이 흐지부지 종결되었기 때문이다.

  하지만 그의 동성애 혐의는 그것으로 끝난 게 아니다. 그는 애제자였던 살라

이, 프란체스코 멜치 등과 함께 오랜 세월 동반
자적 관계를 유지했으며, 임종 시에도 자신의 재
산 일체를 멜치에게 물려주기도 했다. 그중에서
도 특히 관심의 대상이 되는 인물은 사기성이 농
후했던 제자 살라이^{Andrea Salai, 1480-1524}라 할 수
있는데, 레오나르도 다 빈치와 30년 이상을 함께
지냈던 살라이는 매우 잘생긴 미남형으로, 레오
나르도 다 빈치의 작품 가운데 가장 에로틱한 그
림으로 유명한 〈세례 요한〉의 실제 모델이기도
했다. 한 손으로 하늘을 가리키며 야릇한 미소를
머금고 서 있는 요염한 자태의 세례 요한이 바로
살라이의 얼굴이기 때문이다(그림 7). 레오나르도

그림 7 레오나르도 다 빈치, 세례 요한, 1514년, 목판에 유
채, 69×57cm, 파리, 루브르 박물관

다 빈치는 그 외에도 살라이를 모델로 수많
은 스케치와 초상화를 남긴 것으로 알려져
있다(그림 8, 9).

그림 9 레오나르도 다 빈치, 노인과 청년, 1495-1500년,
적색 분필화, 20.8×15cm, 피렌체, 우피치 미술관

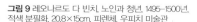

그림 8 레오나르도 다 빈치, 살라이의 초상, 1502-1503년,
오일용 캔버스, 37×29cm, 개인 소장

살라이는 스승과 함께 지내면서 돈을 훔쳐 달아나는 등 말썽을 부리기 일쑤였는데, 레오나르도 다 빈치는 그런 제자를 도둑놈에다 거짓말쟁이라 욕하면서도 이례적으로 그에게 강한 집착을 보이며 30년 넘게 계속해서 생활을 함께했던 것이다. 심지어 살라이는 〈모나리자〉의 누드판이라 할 수 있는 〈모나반나〉를 그리기까지 했는데, 불후의 명작 모나리자와 똑같은 포즈를 취하며 미소를 머금고 있는 살라이 자신의 모습이 매우 유혹적이다(그림 10, 11). 그것도 상체를 홀랑 벗고 있는 데다 통통한 젖가슴까지 내보이고 있으니 뭐라 할 말을 잊게 만든다. 살라이는 스승이 세상을 뜬 지 6년 뒤에 사망했는데, 죽을 때까지 레오나르도 다 빈치의 걸작 〈모나리자〉를 보관하고 있었던 것으로 전해

그림 11 살라이, 모나반나, 1515년, 오일용 캔버스, 72.4×54cm, 이탈리아 빈치, 레오나르도 다 빈치 미술관

그림 10 레오나르도 다 빈치, 모나리자, 오일용 캔버스, 1503-1505년, 77×53cm, 파리, 루브르 미술관

진다.

그럼에도 레오나르도 다 빈치는 일생 동안 노골적인 동성애를 드러낸 적이 없다. 정신의학적으로 말하자면 일종의 잠재적 동성애latent homosexuality 상태로 볼 수 있는데, 더군다나 오늘날 현대 정신의학에서는 동성애를 병적 상태로 간주하지 않고 있다. 비록 청년시절에 남색 혐의로 법정에 섰다가 운 좋게 풀려나기는 했으나 그런 위기를 모면한 이후로는 공개적으로 동성애적 성향을 드러내기가 몹시 어려웠을 것이다. 어쨌든 그는 자신의 그런 은밀한 욕망을 억압하기 위해 평생을 금욕적인 태도로 일관한 것처럼 보이기도 하지만, 다른 무엇보다 예술적 승화를 통해 자신의 근원적인 욕망을 해소하는 데 성공했다는 점에서 예술 창작이 지닌 놀라운 힘을 실감할 수 있다.

그가 일생을 두고 씨름해야만 했던 근원적 욕망이란 다름 아닌 애정결핍의 문제다. 어린 나이에 일찌감치 생모와 떨어지는 상처뿐 아니라 자신이 사생아로 태어났다는 사실 때문에 뿌리 깊은 열등감과 모멸감, 수치심과 더불어 생모와 계모라는 두 어머니 사이에서 겪어야 할 심리적 혼란, 생모가 자신을 무책임하게 버린 것으로 간주한 유아적 원망감 등이 복잡하게 뒤엉켜 어린 레오나르도 다 빈치를 힘겹게 만들었을 것이다.

그렇게 자신이 버림을 받은 것으로 여긴 유아적인 원망감은 일생 동안 그를 여성과의 접촉을 멀리하도록 이끌었던 것으로 보이며, 대신 그런 애정에 대한 갈망과 위안을 여성이 아닌 남성을 통해서 얻고자 했을 것이다. 물론 그런 위안은 아들처럼 아낀 두 제자 멜치와 살라이를 통해서였다. 하지만 그가 끊임없이 성모와 아기 예수에 관련된 작품을 그린 점을 보면, 근원적인 애정결핍 문제가 얼마나 그에게 간절하고도 절실한 미완의 과제였는지 알 수 있다. 비록 그는 그런 상처와 아픔을 오로지 그림을 통해 극복해 나갔다고 볼 수 있겠지만, 그렇다고 해서 본인 자신의 삶이 행복하다고 여긴 것은 아닌 듯하다. 하기야 대부분의 천재 예술가의 삶은 행복과는 거리가 멀었다고 할 수 있으며, 실제로 행복하고 만족스러운 삶에서는 창조적 힘과 열망이 우러나기 힘든 것도 사실이다.

뒤러

독일의 화가 알브레히트 뒤러^{Albrecht Dürer, 1471–1528}는 르네상스 시대를 대표하는 거장 가운데 한 사람이며, 특히 목판화와 동판화, 수채화 등에서 탁월한 재능을 발휘했다. 그는 동시대에 활동한 화가들 가운데서는 독립된 작품으로 그려진 초상화를 가장 많이 남긴 화가로도 유명한데, 불과 19세의 나이에 그린 부모의 초상화에서도 보듯이 이미 탁월한 실력을 지니고 있었음을 알 수 있다(그림 1, 2).

그림 1 뒤러, 어머니의 초상, 1490년, 오일용 패널, 47×38cm, 뉘른베르크 국립미술관

그림 2 뒤러, 아버지의 초상, 1490년, 오일용 패널, 47.5×39.5cm, 피렌체, 우피치 미술관

신성로마제국 시절, 독일 뉘른베르크에서 금세공업자의 아들로 태어난 그는 어려서부터 아버지에게 금세공 수련을 받았으나 화가가 되기로 결심하고 15세 때부터 미카엘 볼게무트의 문하생이 되어 본격적으로 그림을 배우기 시작했다. 20대 초반에 뉘른베르크 명문가의 딸인 아그네스 프라이와 결혼했지만 자식을 얻지는 못했는데, 그의 형제들 모두가 후손이 없어 결국 뒤러 가문은 대가 끊기고 말았다.

신혼임에도 불구하고 홀로 베네치아 여행을 떠난 뒤러는 그곳에서 르네상스 시대 화가들의 색채 감각을 익혔는데, 뉘른베르크로 돌아온 이후 몇 점의 수채화와 초상화를 그리기

그림 3 뒤러, 어머니의 초상, 1514년, 목탄화, 42×30cm, 베를린 국립미술관

도 했지만, 주로 판화 작업에 전념했다. 이 시기에 그린 목판화 연작 〈요한 묵시록〉은 유럽 판화 역사에서 기념비적인 걸작으로 평가된다.

그는 성서 주제뿐 아니라 임종하기 직전의 어머니 초상을 목판화로 그리기도 했는데, 이는 서양미술사에서 죽어가는 인물을 그린 가장 최초의 작품으로 기록된다(그림 3). 당시 뒤러는 무려 18명의 자녀를 낳아 기르며 고생만 하다가 세상을 떠난 어머니의 죽음을 매우 안타까워했는데, 63세로 죽은 어머니의 얼굴은 피골이 상접한 모습으로 마치 90세 노파의 얼굴을 보는 듯하다. 그런 이유

그림 4 뒤러, 자화상, 1522년, 연필화, 40.8×29cm, 독일 브레멘 미술관

때문인지 뒤러는 몹시 비탄에 잠긴 자신의 모습을 자화상에 담기도 했다(그림 4).

어쨌든 뒤러의 명성은 독일뿐 아니라 네덜란드, 이탈리아 등지에도 알려져 가는 곳마다 대대적인 환영을 받았으며, 특히 신성로마제국 황제의 전폭적인 지원을 받아 경제적인 어려움을 모르고 지낼 수 있었다. 하지만 말년에 이르러 부인과 동행한 네덜란드 여행에서 자신에 대한 대중적인 인기를 확인하고 금의환향한 직후 갑자기 말라리아에 감염되어 56세를 일기로 세상을 떴다.

뒤러의 자화상 가운데 가장 최초의 작품은 13세 때 그린 스케치로, 길게 늘어뜨린 머리에 모자를 쓰고 갸름한 얼굴을 한 소년의 모습이다. 한곳을 응시하며 오른손 집게손가락으로 뭔가를 가리키고 있는 모습인데(그림 5), 본격적으로 미술을 배우기도 전에 그린 어린 소년의 솜씨치고는 매우 뛰어났다고 할 수 있다.

그림 5 뒤러, 자화상, 1484년, 펜화, 27.5×19.6cm, 빈, 알베르티나 미술관

그 후 20대 초반에 그린 자화상에서는 매우 화려하고 우아한 의상을 걸친 뒤러가 한 손에 카네이션을 들고 서 있는 모습으로 갈색 긴 머리 위에는 붉은색 가발을 얹어 한껏 멋을 부리고 있다(그림 6). 이 그림은 자신의 약혼녀 아그네스 프라이에게 보낸 것으로 짐작되는데, 그런 귀족풍의 스타일은 결혼한 후에 그린 자화상에서도 여전함을 알 수 있다(그림 7). 하지만 의외로 그의 표정은 다소 냉담하고 썩 달갑지 않은 듯이 떨떠름해 보인다. 자신의 뜻과는 상관없이 부모가 일방적으로 정해 준 배필이었기 때문일 것이다.

그림 6 뒤러, 자화상, 1493년, 피지에 유화, 57×45cm, 파리, 루브르 박물관

그림 7 뒤러, 자화상, 1498년, 오일용 패널, 52×41cm, 마드리드, 프라도 박물관

그래서인지 그의 결혼은 그다지 행복하지 못했던 것으로 보인다. 더군다나 그가 친구에게 보낸 편지에서 자신의 아내를 까마귀에 빗대며 볼멘소리로 조롱한 것을 보면 잔소리가 매우 심한 여성이었던 듯하다. 그가 결혼한 지 불과 석 달도 되지 않아 홀쩍 집을 떠나서 혼자 이탈리아로 간 것도 그런 실망 때문이었을 것으로 보인다. 일설에 의하면, 아내에 대한 실망도 실망이지만 뒤러가 양성애자였기 때문에 자식도 낳지 못한 것이라는 주장도 있다. 비록 그는 약혼시절 당시만 해도 10대 후반의 소녀였던 그녀의 모습을 스케치하며 〈나의 아그네스〉라는 제목을 붙이기도 했으나(그림 8), 그녀에 대한 기대는 결혼과 동시에 여지없이 깨진 것으로 보인다.

그림 8 뒤러, 나의 아그네스, 1494년, 펜화, 15.6× 9.8cm, 빈, 알베르티나 미술관

이탈리아에서 뉘른베르크로 돌아온 후 28세 때 그린 자화상은 이탈리아풍의 고급스러운 붉은색 모피코트를 걸친 모습으로 길게 늘어뜨린 갈색 곱슬머리 장발과 수염을 기른 뒤러가 정면을 응시하고 있는데, 기묘하게도 그 모습은 예수 그리스도의 모습과 비슷하다. 자신과 예수를 동일시 identification한 것일까. 하지만 사치스러운 고급 의상을 걸친 예수의 모습은 뭔가 어울리지 않는 모순을 느끼게 한다. 더욱이 그의 비단결처럼 고운 손의 자태는 십자가에 못 박혀 피 흘리며 숨을 거둔 예수의 손과도 전혀 어울리지 않는 모습이다(그림 9).

그림 9 뒤러, 모피 예복을 두른 자화상, 1500년, 오일용 판넬, 67×49cm, 뮌헨, 알테 피나코테크 미술관

그림 10 뒤러, 기도하는 손, 1508년, 펜과 잉크, 29.1×19.7cm, 빈, 알베르티나 미술관

그럼에도 불구하고 뒤러가 그린 〈기도하는 손〉만큼은 정교하기 이를 데 없는 불세출의 명작이라 할 수 있다(그림 10). 그는 종교개혁을 이룩한 마르틴 루터의 열렬한 지지자이기도 했다.

동시대의 화가로서는 매우 이례적으로 대중적 인기와 부를 거머쥔 뒤러였지만, 개인적으로는 그리 행복한 삶을 누리지 못한 것으로 보인다. 다만 그는 미켈란젤로보다 4년이나 먼저 태어났음에도 불구하고 교황청의 영향권 밖에서 살았기 때문에 미켈란젤로처럼 혹사당하는 일은 겪지 않아도 되었기에 그런 점이 오히려 다행이었는지도 모른다. 하지만 오늘날 뒤러를 미켈란젤로에 감히 견줄 수 있는 사람은 그리 많지 않아 보인다. 위대한 예술혼은 그만큼 뼈를 깎는 고통을 통해 나오는 것일지도 모르기 때문이다.

미켈란젤로

불후의 걸작으로 꼽히는 시스티나 성당의 벽화와 천장화, 걸작 조각상의 상
징인 〈다비드〉, 〈피에타〉 등으로 유명한 미켈란젤로Michelangelo, 1475–1564는 레오
나르도 다 빈치와 더불어 중세 르네상스 시대가 낳은 가장 위대한 화가이자 조
각가지만, 개인적으로는 매우 고통스럽고 불행한 삶을 보냈으며, 90세 가까이
장수했으면서도 금욕주의로 일관해 독신으로 생을 마감했다.

이탈리아 토스카나 지방의 카프레세 마을에서 지방 행정관의 아들로 태어난
미켈란젤로는 6세 때 어머니를 잃고 부친 소유의 채석장에서 일하는 석공에게
맡겨져 그 집에서 주로 자랐다. 조각에 대한 그의 관심이 이미 그때부터 움트고
있었을 것으로 짐작된다. 어려서부터 미술에 대한 흥미를 지닌 아들을 탐탁지
않게 여긴 아버지는 그를 피렌체로 보내 인문학 공부를 시켰으나 학업에는 관
심이 없었던 그는 오로지 그림만 그렸다.

13세 때 화가 기를란다이오의 문하에 들어가 회화를 배우기 시작한 미켈란젤
로는 그 후 스승의 추천으로 메디치 일가가 세운 인문학교에 들어가 조각을 배
웠다. 그렇게 해서 불과 24세 때 불후의 걸작 〈피에타 상〉을 완성했으며, 5년 뒤
에는 그 유명한 〈다비드 상〉을 제작했으니 그의 천재성에 혀를 내두르게 된다.

그림 1 미켈란젤로, 피에타, 1498 – 1499년, 174×195cm, 바티칸 성베드로 대성당

특히 그의 〈피에타 상〉은 수많은 사람을 감동시킨 걸작으로 평가되지만, 여기서 한 가지 흥미로운 점은 죽은 예수의 시신을 안고 있는 성모 마리아의 시선이다(그림 1). 아들의 얼굴을 바라보지 않고 시선을 아래로 떨구고 있는 그녀의 모습은 너무도 처참하게 죽은 아들의 얼굴을 차마 볼 용기가 나지 않아 외면하고 있는 것으로 볼 수도 있겠지만, 어쩌면 미켈란젤로 자신의 어머니에 대한 복잡한 감정을 투영한 것일 수도 있다.

왜냐하면 어려서 자신을 끝까지 돌보지 않고 일찍 세상을 떠나 버린 어머니에 대한 원망감이 작품 속에 스며든 것으로 볼 수 있기 때문이다. 그러나 다른 한편으로는 어머니의 품을 그리워하는 자신의 사무친 감정을 동시에 담고 있는 장면일 수도 있다. 그런 복잡한 감정 때문에 자신과 어머니의 관계를 예수와 성모의 관계에 투영시킨 그는 자신도 예수처럼 평생을 독신으로 지냈는지도 모른다. 자신을 예수와 동일시한 셈이다.

어쨌든 미켈란젤로의 명성은 바티칸에까지 알려지게 됨으로써 마침내 그는 교황의 부름을 받고 로마로 향했다. 그래서 33세 때 교황 율리우스 2세의 지시에 따라 시작한 시스티나 성당의 천장화는 무리한 작업 때문에 생긴 극심한 허리 통증을 무릅쓰고 4년에 걸쳐 완성했는데, 발판 위에 누워 쉬지 않고 작업한 결과 관절염과 근육 경직 증세에 시달렸으며, 천장에서 떨어지는 물감 때문에 안질까지 얻어 고생해야 했다.

영국의 캐롤 리드 감독은 1965년 영화 〈고통과 환희〉에서 당시 그와 교황 사이에 벌어진 미묘한 알력관계를 잘 묘사한 바 있다. 그 후 60대 노령에도 불구하고 교황 바오로 3세의 위촉을 받아 시스티나 성당의 대벽화 〈최후의 심판〉을 4년의 각고 끝에 완성했는데, 기력이 쇠한 상태에서 작업하다 발판 위에서 떨어지는 부상까지 입으면서도 예술에 대한 집념 하나로 초인적인 힘을 발휘해 끝내 완성을 보고야 말았다.

그런데 한 가지 흥미로운 사실은 〈최후의 심판〉 장면 가운데 성 바르톨로메오의 손에 매달린 처참한 몰골의 희생자의 모습이 바로 미켈란젤로 자신이라는 점이다. 일종의 자화상을 그려 넣은 셈인데, 가죽만 앙상하게 남은 그의 모습은 실로 비참한 지경에 이른 자신의 처지를 매우 자학적으로 묘사한 듯이 보인다. 비록 과장된 표현으로 볼 수도 있겠지만, 권력자의 지시에 따라 혹사당하는 자신의 비극적인 현실을 드러내 보였다는 점에서 일종의 자조적인 화풀이로 볼 수도 있겠다(그림 2, 3).

그림 2 미켈란젤로, 최후의 심판, 1537-1541년, 프레스코 천장화, 1370×1220cm, 바티칸, 시스티나 대성당

그림 3 미켈란젤로, 최후의 심판 중 일부

그런데 최근에 와서 밝혀진 새로운 사실에 의하면, 미켈란젤로가 그의 마지막 작품 〈성 베드로의 십자가 처형〉에서도 자신의 얼굴을 살짝 삽입해 그려 넣었다는 것으로 70대에 그린 이 작품에서 그는 처형 장면을 지켜보는 군중 가운데 끼어 있는데, 좌측 상단의

그림 4 미켈란젤로, 성 베드로의 십자가 처형, 1546-1550년, 프레스코화, 625×662cm, 바티칸궁 파올리나 성당

말 탄 사람 등 뒤에 조그맣게 보이는 푸른 터번의 노인이 미켈란젤로라는 것이다(그림 4).

동시대에 활동한 자코피노 델 콘테가 그린 미켈란젤로의 초상화를 보면 그야말로 피골이 상접한 몹시 초췌한 모습을 보이고 있는데, 잔주름이 가득한 노인의 얼굴에는 극심한 피로에 지친 기색이 역력하다. 그러나 아무런 손질도 가하지 않은 머리와 수염 차림이지만, 우수에 가득 찬 그의 시선만큼은 포기할 줄

그림 5 자코피노 델 콘테, 미켈란젤로의 초상, 1540년, 오일용 캔버스, 88×64cm, 뉴욕, 메트로폴리탄 미술관

모르는 그의 강인한 예술혼을 느끼게 해 준다(그림 5). 미켈란젤로의 그런 모습은 마르첼로 베누스티가 그린 초상화에서도 거의 비슷한 느낌을 준다(그림 6).

그림 6 마르첼로 베누스티, 미켈란젤로의 초상, 1535년, 오일용 캔버스, 36×27cm, 피렌체, 카사 부오나로티 미술관

그림 7 다니엘레 다 볼테라, 미켈란젤로의 초상, 67×40cm, 네덜란드 하를렘, 타일러 미술관

고뇌와 우수에 가득 찬 그런 모습은 다니엘레 다 볼테라가 그린 초상화에서도 보듯이 굵게 파인 주름과 굳게 다문 입술을 통해 확인할 수 있다(그림 7). 반면에, 미켈란젤로가 시스티나 성당 천장화를 그릴 당시 그를 도와 잠시 조수 노릇을 하기도 했던 부지아르디니가 그린 초상화는 가장 정력적인 활동을 펼치던 40대 후반의 모습을 담고 있는데, 매우 도발적이고도 반항적인 시선이 결코 예사롭지 않은 긴장된 분위기를 드러내고 있다(그림 8, 9).

그림 8 줄리아노 부지아르디니, 터번을 두른 미켈란젤로의 초상, 1522년, 나무판에 유채, 49×36.4cm, 파리, 루브르 박물관

그림 9 줄리아노 부지아르디니, 터번을 두른 미켈란젤로, 1522년, 오일용 캔버스, 49×36cm, 피렌체, 카사 부오나로티 미술관

미켈란젤로는 매우 금욕적인 인물로 먹고 마시며 즐기는 일 따위에 일체 관심을 기울이지 않았으며, 심지어는 잘 때도 옷을 입은 채로 잠들었는데 장화조차 벗지 않았다고 한다. 그는 성격 자체도 매우 거칠고 무례하기 짝이 없었으며, 일상적인 생활습관도 무질서하고 불결하기 그지없었던 것으로 알려져 있다. 게다가 그는 항상 우울하고 고립된 상태로 동료들과도 제대로 어울리지 못하는 모습을 보였는데, 그의 기이한 성격과 생활태도 때문에 더욱 그런 고립을 자초한 것으로 보인다.

이처럼 사회적으로 고립된 생활을 보냈던 미켈란젤로였지만, 사랑에 대한 열정만큼은 결코 남들에 비해 부족했던 게 아니었다. 그는 수백 편에 달하는 시를 쓰기도 했는데, 특히 그의 나이 57세 때 처음 만난 23세의 젊은 청년 토마소 카발리에리에게 보낸 연애시는 그 내용이 매우 에로틱한 것으로 알려져 있다. 비록 노골적인 연인관계로 발전하지는 않았지만, 카발리에리는 미켈란젤로가 죽을 때까지 매우 헌신적으로 대해 주었다.

하지만 이처럼 열정적인 동성애가 담긴 시를 쓰기도 했던 미켈란젤로지만 60대에 접어들어 로마에서 만난 귀족 출신의 미망인이자 시인이었던 비토리아 콜로나에 대한 뜨거운 열정에 휘말리기도 했다. 이들 남녀는 서로 뜨거운 연애시를 주고받았는데 그녀가 죽을 때까지 두 사람의 관계는 계속 유지되었다. 미켈란젤로는 그녀의 얼굴에 키스 한번 제대로 못한 사실을 두고두고 후회했다고 전해진다.

미켈란젤로 조각의 걸작으로 꼽히는 〈피에타 상〉, 〈다비드 상〉 외에도 교황 율리우스 2세의 무덤 입구를 지키고 있는 〈모세 상〉은 특히 프로이트에게 깊은 인상을 준 것으로 알려져 있는데, 평소 교황의 존재에 대한 거부감으로 로마 방문을 몹시 꺼려 했던 프로이트가 여러 차례의 힘겨운 시도 끝에 로마에 입성했을 때 그에게 가장 큰 감명을 던져 준 장본인은 바로 미켈란젤로의 조각상 모세였다(그림 10). 유대민족이 감히 넘볼 수 없는 위대한 예술혼을 직접 목격한 그는 실로 경탄을 금치 못하면서 왜 진작 로마를 방문하지 못했을까 탄식했다고 한다. 유대인의 민족적 영웅임에도 불구하고 그 어떤 우상도 만들지 말라는 십계명 때문에 아무런 조각상도 남기지 못한 자신의 동족에 대해 수치심을 느꼈기 때문일까. 그 후 프로이트는 〈미켈란젤로의 모세〉라는 논문에서 모세의 복잡한 심리상태를 분석했으며, 말년에는 《모세와 일신교》라는 저술을 발표하기까지 했다.

그림 10 미켈란젤로, 모세, 1513~1515년, 235cm, 로마, 산 피에트로 인 빈콜리 성당

그림 11 미켈란젤로, 피렌체 피에타, 1547~1553년, 226cm, 피렌체, 델 오페라 델 두오모 미술관

말년에 이르러 미켈란젤로는 다시 피에타 상 제작에 몰입했는데, 마침내 자신의 죽음을 의식하기 시작하면서 성모와 예수의 관계에 대한 관심이 더욱 커진 탓으로 보인다. 그중에서도 특히 두건을 쓴 니코데무스가 성모 마리아, 막달레나 마리아와 함께 죽은 예수의 시신을 십자가에서 끌어내리고 있는 〈피렌체 피에타 상〉은 매우 특이한 작품이라 할 수 있다(그림 11). 왜냐하면 여기에 등장하는 니코데무스는 바로 미켈란젤로 자신의 자화상이기 때문이다. 죽은 예수를 내려다보고 있는 그의 시선은 마치 자기 자신의 죽음을 지켜보는 듯한 모습처럼 보이기도 한다.

미켈란젤로는 숨지기 6일 전까지도 론다니니 피에타 상 제작에 몰두할 정도로 피에타에 강한 집착을 보였으나 결국 미완성으로 끝나고 말았다. 특이하게도 예수와 성모 마리아는 예전에 완성한 피에타 상의 모습과는 달리 두 사람 모두 서 있는 자세를 취하고 있다. 마치 어디론가 당장 떠날 채비를 하고 있는 듯이 보이는 모자의 모습에서 그 자신의 죽음을 미리 감지하고 있었음을 엿볼 수 있다고 한다면 지나친 억측일까.

하여튼 불세출의 위대한 예술가 미켈란젤로는 그렇게 최후의 일각까지 성모상에 집착하는 모습을 보였다는 점에서 어머니 없이 자란 상처의 깊이가 얼마나 컸는지 충분히 짐작하고도 남음이 있다 하겠다. 그토록 강한 집념은 결국 그 자신의 기나긴 삶을 지배했던 어머니에 대한 그리움과 원망에서 비롯된 것으로 볼 수 있지만, 그런 자신의 뿌리 깊은 고독과 외로움을 돈독한 신앙심과 더불어 뜨거운 창작열로 극복한 미켈란젤로의 생애야말로 위대한 예술혼의 표본이 아닐 수 없다. 그는 89회 생일을 맞이하기 3주 전에 로마에서 조용히 숨을 거두었는데, 그의 유해는 본인의 유언에 따라 그가 사랑했던 피렌체로 옮겨져 산타크로체 성당에 안치되었다.

라파엘

 본명이 라파엘로 산치오인 라파엘^{Raffaello Sanzio, 1483-1520}은 레오나르도 다 빈치, 미켈란젤로와 동시대에 활동한 르네상스 시대의 대표적인 3대 천재 화가 중의 한 사람이다. 우아하고 정교한 그의 인물화는 보는 이로 하여금 편안함을 느끼게 하지만, 예외적으로 교황 율리우스 2세의 초상화는 완고하고 고집 센 노인의 모습을 담고 있어 자신을 붙들고 놓아주지 않는 교황에 대한 불만을 은밀히 드러내기도 했다(그림 1). 그럼에도 라파엘을 아들처럼 아끼고 후원했던 교황이 아니었으면 오늘날 우리가 감상하는 그의 걸작들은 존재하지 않았을지도 모른다.

그림 1 라파엘, 교황 율리우스 2세의 초상, 1511년, 오일용 판넬, 108.7×81cm, 런던, 국립미술관

라파엘은 이탈리아 우르비노에서 궁정화가였던 조반니 산티의 아들로 태어났다. 비록 8세 때 어머니를 잃고 그 후 재혼한 아버지마저 11세 때 세상을 뜨는 바람에 졸지에 고아가 되어 숙부인 사제 바르톨로메오 밑에서 자랐지만, 어려서부터 아버지에게 그림을 배우기 시작한 그는 소년시절에 그린 자화상을 통해서 엿볼 수 있듯이 이미 뛰어난 천재성을 발휘하고 있었다(그림 2).

그림 2 라파엘, 자화상, 1499년, 연필화, 38×26cm, 영국 옥스퍼드대학, 애쉬몰리언 미술관

그림 3 라파엘, 방울새의 마돈나, 1505-1506, 오일용 판넬, 107×77cm, 피렌체, 미술관

라파엘은 20대 초반에 레오나르도 다 빈치와 미켈란젤로가 활동하던 피렌체로 가서 〈성모 마리아와 아기 예수〉 등의 걸작을 그렸는데, 그 이후로도 죽을 때까지 수많은 성모상을 지칠 줄 모르고 그렸다(그림 3). 어린 나이에 일찍 어머니를 잃고 부모형제 없이 외롭게 자란 상처의 흔적 때문일 것이다. 일찌감치 그의 천재성을 알아본 교황 율리우

스 2세의 부름을 받고 로마에서 교황청의 미술 총감독으로 활동했으나, 안타깝게도 자신의 37회 생일날 갑자기 고열을 일으킨 끝에 세상을 뜨고 말았다.

그림 4 라파엘, 자화상, 1506년, 오일용 판넬, 47.5×33cm, 피렌체, 우피치 미술관

바티칸궁의 벽화장식과 성베드로 대성당의 건축에도 관여한 라파엘은 율리우스 2세와 레오 10세의 초상화를 그려 교황들의 총애를 받았으며, 그를 특히 총애했던 교황 레오 10세는 그에게 추기경 직위까지 내리려던 참이었는데, 그의 갑작스러운 요절로 몹시 애통해하며 성대한 장례식을 치러 주기까지 했다.

그가 20대 초반에 그린 자화상은 매우 우아하고 단아한 모습을 지닌 매우 뛰어난 미모의 소유자임을 알 수 있게 하는데, 검은 상의에 검은 모자를 쓴 갈색머리의 라파엘은 상대적으로 매우 굵고 긴 목을 보여 주고 있어서 전체적으로 차분하고도 안정적인 분위기를 던져 준다. 하지만 매우 창백해 보이는 그의 안색은 다소 피곤에 지쳐 있는 모습이며 어딘가 외롭고 공허해 보이는 표정이기도 하다(그림 4).

그것은 20대 중반에 그린 자화상에서도 비슷한 모습을 보이고 있다(그림 5).

그림 5 라파엘, 아테네 학교, 1509년, 프레스코 벽화, 바티칸 사도궁전

사실 20대 후반부터 라파엘은 바티칸의 교황에게 꼼짝없이 붙들린 상태에 있었으며, 결혼조차 마음대로 할 수 없는 처지에 놓여 있었다. 왜냐하면 그는 레오 10세의 언질에 따라 추기경이 되고자 하는 야심도 지니고 있었기 때문이다. 하지만 추기경이 되려면 결혼을 미룰 수밖에 없었으며, 그런 이유로 라파엘은 이러지도 저러지도 못하는 상태에 있었던 것이다. 영국의 극작가 버나드 쇼의 묘비명에 적힌 "우물쭈물하다가 내 이럴 줄 알았지."라는 글귀가 딱 어울리는 상황이 아닐 수 없다.

그림 6 라파엘, 라 포르나리나, 1518~1519년, 유화, 85×60cm, 로마, 국립미술관

비록 그는 31세 때 추기경의 조카 마리아 비비에나와 이미 약혼한 상태였으나 추기경이 되고자 결혼을 미룬 상태였음에도 불구하고 따로 애인을 두고 있었다. 가장 가까운 애인은 빵집 딸인 마르게리타 루티로 우리는 그녀의 모습을 라파엘의 초상화 〈라 포르나리나〉에서 볼 수 있는데, 풍만한 젖가슴을 과감하게 드러내고 있는 요염한 자태의 여성이다(그림 6). 하지만 비슷한 시기에

그림 7 라파엘, 친구와 함께한 자화상, 1519년, 오일용 캔버스, 99×83cm, 파리, 루브르 박물관

그린 자화상에서 보듯이 라파엘의 표정은 오히려 매우 무덤덤해 보이기까지 한다. 그가 갑자기 세상을 뜨기 일 년 전의 모습이라고 하기에는 도저히 믿어지지 않는다(그림 7).

어쨌든 라파엘은 사망하기 직전 고열에 시달렸는데, 전날 밤에 그녀와 격렬한 섹스를 나눈 사실을 의사에게 솔직하게 말하지 않음으로써 적절한 치료를 받지 못한 것이 그의 목숨을 앞당기는 결과를 낳고만 셈이 되었다. 라파엘은 공교롭게도 자신의 생일날에 숨을 거두었는데, 임종이 다가오자 유언을 통해 연인 루티에게 자신의 재산을 상속하도록 지시하고 마지막 종부성사를 통해 그동안 자신이 저지른 수많은 과오를 고백한 후 37세라는 젊은 나이로 눈을 감았다. 그의 죽음을 안타까워한 교황은 그의 장례식을 국장으로 성대하게 치를 것을 명했으며, 수많은 군중이 애도를 표시하는 가운데 라파엘의 시신은 판테온 묘지에 안장됐다.

물론 어린 나이에 고아가 되면서 일찍부터 애정에 몹시 굶주렸던 그로서는 성스러운 어머니의 이미지와 세속적인 욕망 사이에서 적지 않은 갈등을 겪는 동시에 교황의 존재를 상징적인 아버지로 여기며 지낸 것으로 볼 수 있겠지만,

그가 남긴 불세출의 걸작들이 지금까지도 많은 사람에게 깊은 감동을 안겨 준다는 점에서 본다면, 오히려 그런 갈등이 걸작을 낳는 강력한 동기를 제공한 것이 아닐까 한다.

그런 점에서 동시대에 활동한 레오나르도 다 빈치, 미켈란젤로, 라파엘 등 3인의 천재화가들이 모두 불행한 성장과정을 거쳤을 뿐만 아니라 독신으로 생을 마감했다는 사실은 우리에게 많은 점을 시사한다. 다른 무엇보다 하늘은 인간에게 모든 것을 다 주진 않는다는 사실이며, 천재성을 발휘한 사람들은 뭔가 다른 한 가지는 희생을 요구받는다는 점이다. 그래서 하늘은 공평하다는 말이 나오는지도 모르지만 그런 말도 실은 남다른 재능을 부여받지 못한 세인들이 하는 소리이기 쉽다.

티치아노

르네상스 전성기에 베네치아에서 활동했던 티치아노Tiziano Vecellio, 1490-1576는 이탈리아의 화가로 티치아노 베첼리오가 본명이다. 86세까지 장수한 그는 당시 베네치아를 덮친 페스트로 자신의 조수였던 아들 오라치오와 함께 죽었다. 생전에 무려 600여 점 이상의 많은 작품을 남긴 티치아노는 매우 생동감 넘치는 화풍으로 인해 동시대 사람들로부터 '별 가운데 떠 있는 태양'으로 불리며 전성기를 구가했던 인물이기도 하다.

그는 베니스 공화국의 카도레 태생으로 그의 아버지는 카도레 성의 관리인이었다. 열 살 무렵 그는 형 프란체스코와 함께 미술공부를 위해 베네치아에 있는 삼촌집에 보내져 일찍부터 화가의 꿈을 키웠다. 원래 질투심이 매우 강했던 티치아노는 형 프란체스코가 화가로 자신보다 먼저 명성을 얻게 되자 노골적으로 형과 불화를 일으켰는데, 그의 질투심이 얼마나 강했던지 그의 형은 견디다 못해 결국 화가의 길을 포기하고 나중에 상인이 되었다고 한다.

뛰어난 초상화가로 출발한 그의 경력은 유럽 전역에 명성을 떨칠 정도로 탄탄대로를 걸으면서 수많은 귀족들과 성직자들, 그리고 교황을 포함해 황제 등 고위층의 초상화를 그려주면서 부와 명성을 동시에 쌓았다. 특히 신성로마제

국의 카를 5세로부터 귀족 작위까지 받으며
회화의 제왕이라는 찬사를 얻는 등 그의 명
성은 하늘 높은 줄 모르고 치솟았다.

그가 70대 초반에 그린 자화상에서는 화
려한 목걸이와 값비싼 모피, 번쩍이는 의상
을 걸치고 당당한 기세로 앉아 있는 모습을
볼 수가 있는데, 당시 최고 전성기를 구가하
고 있던 시기였음에도 뭔가 깊은 상념에 잠
겨 먼 곳을 응시하는 듯한 그의 시선은 어딘
가 공허해 보인다(그림 1). 아무리 세속적인
부귀영화를 누릴지언정 그래도 뭔가 채워
지지 않는 부분을 갈망하고 있는 듯이 보이
기 때문이다.

그림 1 티치아노, 자화상, 1562~1564년, 오일용 캔버스, 96×75cm, 베를린, 국립미술관

그림 2 티치아노, 자화상, 1567년, 오일용 캔버스, 86×69cm, 마드리드, 프라도 미술관

그런 점에서 70대 후반의 자화상은 마치 수도승을 연상시
키는 엄숙한 복장으로 정면을 노려보고 서 있는 고집 센 노
인의 모습을 보여 주고 있어 또 다른 분위기를 던진다(그림
2). 예전의 교만함은 사라지고 다소 초췌해진 얼굴에서 어딘
가 침울하고 고독한 모습을 읽을 수 있다. 역시 나이는 어쩔

수 없겠다는 느낌도 든다. 다가오는 죽음을 의식해서인지 의상도 온통 검은색이다.

반면에 70대 중반에 그린 〈시대의 풍자〉에는 세 인물이 동시에 등장하는 특이한 형태의 자화상을 보여 주고 있는데, 제각기 다른 방향을 응시하고 있는 티치아노와 중년의 아들 오라치오, 그리고 젊은 조카 마르코의 얼굴이 묘사되어 있다. 이들 세 인물은 스핑크스의 수수께끼에 나오는 삶의 세 시기를 나타낸 것으로 그것은 곧 젊음, 성숙, 노년을 상징한다고 볼 수 있다(그림 3).

그림 3 티치아노, 시대의 풍자, 1565년, 오일용 캔버스, 76×69cm, 런던, 국립미술관

그런데 무표정한 오라치오와 마르코에 비해 붉은 모자를 쓰고 흰 턱수염이 무성한 티치아노의 표정은 몹시 화가 난 듯 분노에 이글거리는 시선으로 뭔가를 노려보고 있는 모습이다. 또한 공교롭게도 세 인물의 밑에는 제각기 다른 세

가지 동물, 늑대와 사자, 개가 그려져 있는데, 티치아노의 얼굴 밑에는 늑대가 자리 잡고 있다. 왜 하필이면 늑대를 자신의 얼굴 밑에 그려 넣었을까 궁금해진다.

인생의 황금기를 구가하고 있는 검은 턱수염의 아들 오라치오는 용맹한 사자로 현재를 의미하는 것이며, 말끔한 용모의 젊은 조카 마르코는 미래가 보장된 충직한 개로 상징되는 반면에, 티치아노 자신의 과거를 의미하는 늑대는 그가 저지른 과거의 불미스러운 행적을 뜻한 것일 수 있다. 왜냐하면 그는 자신의 집에서 가정부로 일하던 체칠리아와 관계를 맺어 두 사생아 아들 폼포니오와 오라치오를 낳았기 때문이다. 하지만 두 아들이 세상으로부터 사생아로 멸시 받는 일을 피하기 위해 불가피하게 그녀와 결혼했던 것이다.

더욱이 매우 병약했던 체칠리아는 혼인한 지 불과 5년 뒤인 1530년에 일찍 세상을 뜨고 말았는데, 그 후 티치아노는 재혼해서 딸 라비니아를 낳았지만, 후처의 신원은 알려진 사실이 없다. 더욱이 그는 가정부로 믿어지는 여인으로부터 네 번째 아이 에밀리아까지 얻었는데, 죽은 어머니를 대신해 아버지를 보살피고 집안일을 돌보던 라비니아마저 1560년 아기를 출산하던 중에 숨지고 말았으니 티치아노의 상심이 더욱 클 수밖에 없었다. 그는 사랑하는 딸의 소녀시절 모습을 화폭에 담았는데, 비록 15세 때의 모습이지만 매우 아름답고 기품이 있어 보이는 여성임을 짐작하게 해 준다(그림 4).

그림 4 티치아노, 라비니아의 초상, 1545년, 오일용 캔버스, 69×117cm, 나폴리, 카포디몬테 미술관

딸의 초상화를 그린 1545년 무렵에 티치아노는 로마에서 미켈란젤로와 대면한 적이 있었는데, 당시 미켈란젤로는 티치아노를 썩 달가워하지 않는 기색이었다고 전해진다. 그날 이후로 두 거장은 두 번 다시 상종하지 않았다고 한다. 하기야 지나치게 금욕적이며 대인기피증이 심한 미켈란젤로가 매우 세속적인 출세지향주의자인 티치아노를 탐탁지 않게 여긴 것은 당연한 결과였을 것이다.

어쨌든 젊은 시절 유달리 질투심이 강하고 출세욕에 불타는 야심가였던 티치아노는 노년에 접어들면서 점차 매우 어둡고 우울하며 자기 비판적인 완벽주의자로 변모하기 시작했는데, 그것은 아마도 자신의 떳떳하지 못한 과거 행적 때문이었을 것으로 짐작된다. 자화상에 드러난 몹시 화난 표정은 결국 자기 자신을 향한 노여움이기 쉽다. 티치아노는 1576년 베네치아에서 아들과 함께 페스트로 사망했는데, 당시로서는 매우 이례적으로 교회 묘지에 안장될 수 있었다. 하지만 그의 호화로운 대저택은 당시 폭도들에 의해 모두 약탈당하고 말았다.

안귀솔라

이탈리아 르네상스 시대에 활동한 여류화가 소포니스바 안귀솔라^{Sofonisba} Anguissola, 1532–1625는 여성의 몸으로 사회활동이 극히 드물었던 중세 분위기에도 불구하고 가장 최초로 성공한 여류화가라 할 수 있다. 많은 초상화를 남긴 그녀는 주로 자신과 가족을 대상으로 작품을 그렸는데, 스페인의 궁정화가로 초빙되어 활동하기도 했다. 아무튼 그녀는 서양미술사에 등장한 가장 최초의 여류화가로서 그 후 많은 여성의 화가 입문에 물꼬를 튼 개척자적인 역할을 한 인물로 꼽힌다.

북부 이탈리아 롬바르디 지방 크레모나에서 귀족 가문의 7남매 중 장녀로 태어난 그녀는 어려서부터 좋은 교육을 받고 자라며 화가의 꿈을 키웠다. 그녀의 아버지는 자녀들의 예술적 재능을 키우는 데 적극적이었으며, 그 결과 다섯 자매가 화가를 지망했지만, 그중에서 소포니스바만 크게 성공했다. 수녀가 된 엘레나, 그리고 결혼으로 화가의 길을 포기한 안나 마리를 제외한 네 자매는 화가 생활을 계속했는데, 재능이 뛰어났던 루치아는 젊은 나이에 일찍 죽고 말았다.

아버지의 권유로 롬바르디 지방의 유명화가 캄피와 가티에게서 회화를 배운 안귀솔라는 22세 때 로마로 가서 당대의 거장 미켈란젤로를 만나 그 재능을 인

정받고 그 후 2년간 개인적으로 미술지도를 받았다. 이 시기에 그린 〈체스게임〉에서 그녀는 자신의 여동생들이 체스를 즐기는 모습을 그리고 있는데, 이미 초상화가로서의 뛰어난 재능을 발휘하고 있다(그림 1).

그림 1 안귀솔라, 체스게임, 1555년, 오일용 캔버스, 72×97cm, 폴란드, 포즈난 국립미술관

고향에 돌아온 그녀는 계속해서 자신의 가족을 모델로 초상화를 그렸는데, 아버지의 모습을 담은 〈가족의 초상〉과 동생 엘레나의 모습을 그린 〈수녀의 초상〉은 그중에서도 가장 대표적인 작품들이다(그림 2, 3). 이처럼 그녀는 동시대에 유행하던 종교화나 역사화를 마다하고 주로 자신의 자화상과 가족을 대상으로 한 인물화에 치중했는데, 그것은 인체구조를 묘사하는 데 필수적인 해부학을 전혀 배울 수 없었기 때문이다.

그림 2 안귀솔라, 가족의 초상, 1557년, 오일용 캔버스, 157×122cm, 덴마크 니보, 니보고르 미술관

그림 3 안귀솔라, 수녀의 초상(엘레나 안귀솔라), 1551년, 오일용 캔버스, 75×59cm, 미국 사우댐턴, 사우댐턴 시립미술관

당시 서구 귀족사회에서는 여성에게 누드를 접할 수 있는 기회가 일체 허용되지 않았으며, 해부학 수업도 금지된 상태였다. 따라서 매우 다양한 인물의 등장과 복잡한 구도를 요구하는 대형 종교화를 그리기에는 큰 부담을 느꼈기 쉽다. 어쨌든 그녀는 그런 핸디캡 때문에 어쩔 수 없이 일상적인 가족의 모습을 화폭에 담는 데 주력한 것이다.

뛰어난 초상화가로 명성이 나기 시작한 그녀는 20대 후반에 이르러 미술 애호가인 스페인 왕 필립 2세의 초청을 받고 마드리드로 가서 궁정화가로 활동했다. 그곳에서 특히 엘리자베스 왕비의 총애를 받은 그녀는 왕족들의 초상화를 그리는 한편 왕비에게 그림을 지도하기도 했다. 그녀의 전폭적인 후원자였던 필립 2세는 스페인 귀족과 그녀를 혼인시키고자 했으나 이미 시칠리아 총독의 아들 돈 프란시스코와 약혼한 사실을 알고 거액의 결혼 지참금까지 마련해 줄 정도로 안귀솔라를 신임했는데, 이들 부부는 왕의 허락을 받고 시실리 섬의 팔레르모에 정착했지만, 남편은 결혼한 지 불과 8년 만에 세상을 뜨고 말았다.

그 후 그녀는 고향으로 가는 도중에 만난 젊은 선장 오라조 로멜리노와 눈이 맞아 나이 48세 때 그와 결혼식을 올리고 제노아에 정착했다. 로멜리노는 아내의 예술 활동을 적극 지원하는 가운데 온갖 뒷바라지를 아끼지 않았는데, 이들의 행복한 세월은 그녀가 93세로 눈을 감을 때까지 오래도록 지속되었다.

10대 소녀시절에 그린 그녀의 자화상(그림 4)은 땋아 올

그림 4 안귀솔라, 자화상, 1550년, 오일용 캔버스, 45×34cm, 밀라노, 폴디 페촐리 미술관

그림 5 안귀솔라, 자화상, 1552년, 오일용 캔버스, 88.5×69cm, 피렌체, 우피치 미술관

린 머리에 다소 갸름한 얼굴을 하고 있는 데 반해서, 20대에 그린 안귀솔라의 자화상은 오동통하게 살찐 얼굴에 큰 눈망울을 한 그녀가 단정한 옷차림으로 정면을 응시하는 모습을 보여 주고 있으며, 표정은 매우 부드럽고 차분해 보인다(그림 5~9). 단아한 자태의 품위 있는 중세 귀족 여성의 한 전형을 보는 듯하다. 비록 미인형은 아니지만 고상한 기품이 느껴지는 그녀의 모습은 독특한 매력을 발산한다.

그림 6 안귀솔라, 자화상, 1554년, 오일용 캔버스, 20×13cm, 빈, 미술사 박물관

그림 7 안귀솔라, 자화상, 1556년, 오일용 캔버스, 66×57cm, 폴란드, 란쿠트 미술관

그림 8 안귀솔라, 자화상, 1556년, 양피지에 유채, 8.3×6.4cm, 미국, 보스턴 미술관

그림 9 안귀솔라, 하프시코드를 연주하는 자화상, 1556–1557년, 오일용 캔버스, 57×48cm, 나폴리, 카포디몬테 미술관

그림 10 안귀솔라, 자화상, 1610년, 오일용 캔버스, 94×75cm, 개인 소장

그녀는 그렇게 큰 눈망울로 경이로운 삶의 순간들을 포착하고 그것을 화폭에 옮기는 데 일생을 바쳤는데, 말년에 이르러 시력이 약해졌을 때까지도 그림을 계속 그렸다. 그녀의 차분한 모습은 78세 노년에 그린 자화상에서 보듯이 검은 의상을 걸치고 붉은 천으로 된 의자에 앉아 만면에 미소를 머금은 주름살 하나 없이 곱게 늙은 할머니의 모습을 보여 준다(그림 10). 목에 두른 커다란 레이스 장식을 통해 여전히 귀족적인 품위를 유지하고 있는 모습이다. 해맑은 그녀의 미소는 후회 없는 인생을 살았다는 자족감으로 충만해 있다. 그녀는 90이 가까운 나이에도 자화상을 그렸는데,

고령임에도 불구하고 눈빛만큼은 여전히 살아 있음을 보여 준다(그림 11).

그림 11 안귀솔라, 자화상, 1620년, 오일용 캔버스, 98×78cm, 덴마크 니보, 니보고르 미술관

실제로 그녀는 죽기 직전까지 그녀를 흠모하는 많은 방문객을 접견하느라 오히려 분주한 나날을 보냈는데, 그중에는 청년시절의 반다이크도 끼어 있었다. 반다이크가 그녀를 방문했을 때 그녀의 나이 이미 92세였는데, 당시 그는 그녀의 시력이 매우 약해져 있음을 알아채었다. 그녀는 백내장을 앓고 있었지만, 정신만큼은 매우 또렷했다. 그때 반다이크가 그린 안귀솔라의 초상화는 지금도 보존되고 있다(그림12). 그 후 시실리로 돌아간 그녀는 93세를 일기로 팔레르모에서 조용히 눈을 감았다.

그림 12 반다이크가 그린 안귀솔라

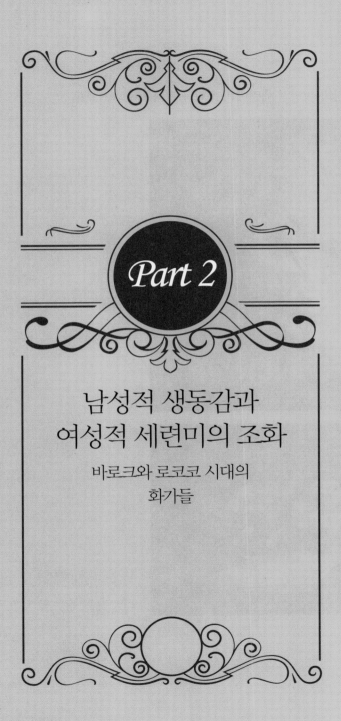

Part 2

남성적 생동감과
여성적 세련미의 조화

바로크와 로코코 시대의
화가들

Part 2
남성적 생동감과 여성적 세련미의 조화 바로크와 로코코 시대의 화가들

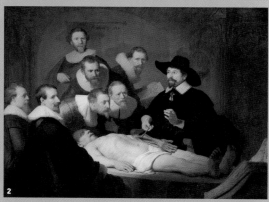

1 렘브란트, 갈릴리호의 폭풍, 1633년, 오일용 캔버스, 160×
127cm, 미국 보스턴, 이사벨라 스튜어트 가드너 미술관

2 렘브란트, 툴프 박사의 해부학 강의, 1632년, 오일용 캔버스,
169.5×216.5cm, 헤이그, 마우리츠하이스 미술관

카라바조

카라바조^{Amerighi da Caravaggio, 1571-1610}의 본명은 미켈란젤로 메리시지만 그가 주로 성장한 마을 이름인 카라바조로 더욱 잘 알려져 있다. 그는 38세로 일찍 요절했는데 그의 삶 자체가 매우 불가사의한 사건으로 점철되어 있어서 그의 마지막 행적이나 사인조차 제대로 알려진 적이 없다. 그가 사망한 후 카라바조의 존재는 수백 년간 지하에 묻힌 상태로 있다가 20세기에 들어서서야 비로소 재발견되어 거장의 반열에 오르게 되었다.

밀라노에서 실내장식가의 아들로 태어난 카라바조는 5세 무렵에 페스트를 피해 부모와 함께 카라바조 마을로 이주해서 그곳에서 자랐다. 하지만 이듬해에 아버지가 죽고 13세 때에는 어머니마저 세상을 떠나 어린 나이에 천애고아가 되고 말았는데, 그 무렵부터 이미 회화를 배우기 시작해 바로크 미술의 대가로 성장하는 기초를 닦았다.

그가 20대 초반에 그린 자화상은 현재까지 남아 있는 그의 유일한 독립된 자화상이라 할 수 있는 것으로 짙은 눈썹과 검은 머리, 두툼한 입술, 단단하게 다져진 근육 등이 마치 흑인 검투사처럼 보이기도 한다(그림 1).

그림 1 카라바조, 바쿠스 차림의 자화상, 1593년, 오일용 캔버스, 67×53cm, 로마, 보르게세 미술관

하지만 당시 그는 심한 병에 걸려 6개월이나 병원에 입원해서 치료를 받고 난 후로, 평자에 따라서는 그의 안색으로 보아 황달에 걸린 상태로 보기도 하는데, 어쨌든 그리 좋은 인상은 아닌 듯이 보이며, 지적인 풍모도 엿보기 어려운 것이 사실이다.

카라바조가 바쿠스 차림으로 자화상을 그린 배경은 정확히 알 수 없는 노릇이지만, 술의 신 바쿠스를 자신과 동일시한 것일 수도 있다. 로마 신화의 바쿠스에 해당하는 그리스 신화의 디오니소스가 술과 포도, 풍요의 신이면서 동시에 광기를 대표하는 신이기도 하다는 점에서 보자면, 자신의 광기를 어느 정도 인식하고 있었기 때문에 굳이 바쿠스를 선택하지 않았을까 싶기도 하다.

어쨌든 카라바조는 그 이후로는 독립된 자화상이 아니라 여러 작품 속에 매우 기이한 형태로 자신의 모습을 삽입시켜 묘사했는데, 가장 대표적인 작품으로는 〈다윗과 골리앗의 머리〉, 〈살로메와 세례 요한〉, 〈홀로페르네스의 목을 자르는 유딧〉 등을 들 수 있겠다. 이들 작품의 공통 주제는 칼로 목을 자르는 참수에 있다고 보는데, 카라바조 자신이 상습적으로 칼싸움을 벌이고 다니며 살인까지 마다하지 않았다는 점을 고려한다면 그의 성격이 얼마나 충동적이고 난폭한 인물이었는지 짐작케 한다.

〈다윗과 골리앗의 머리〉에서는 다윗의 손에 들린 골리앗의 잘린 머리가 바로 카라바조 자신의 얼굴이다. 검은 머리와 텁석부리 수염, 짙은 눈썹을 지닌 카라바조의 표정은 반쯤 입을 벌린 상태로 고통에 가득 찬 모습을 하고 있다. 그는 왜 하필이면 골리앗의 얼굴을 자신의 얼굴로 바꿔치기한 것일까. 자신을 무적의 장수 골리앗과 동일시한 것인가. 아마 그럴지도 모른다.

하지만 손에 쥐고 있는 골리앗의 머리를 바라보는 다윗의 표정이 매우 수심에 가득 차 있는 모습이고 보면 여기서 다윗은 괴물처럼 변한 자신의 현재 모습에 연민의 정을 느끼는 카라바조 자신의 젊은 시절을 상징하는 것일 수도 있다. 더군다나 다윗이 들고 있는 검에는 라틴어 대문자로 표기된 약어 H-AS OS가 새겨져 있는데, 그 의미는 '겸손이 자만심을 죽이다.'라는 뜻으로 이는 곧 순수했던 젊은 시절의 카라바조가 세속적인 탐욕에 물든 성인 카라바조를 스스로 응징하고 처단했음을 드러낸 것이 아닐까 한다(그림 2).

그림 2 카라바조, 다윗과 골리앗의 머리, 1609 – 1610년, 오일용 캔버스, 125 ×101cm, 로마, 보르게세 미술관

그는 이 그림을 로마의 실력자이며 교황 바오로 5세의 조카인 보르게세 추기경에게 보낸 것으로 알려져 있는데, 만약 그랬다면 자신이 저지른 살인행위에

대한 용서와 사면을 구한 것으로 볼 수 있다. 일종의 뇌물성 작품 증정인 셈이다. 하지만 그의 살인죄는 결코 사면되지 않았으며, 오히려 정체불명의 인물들에게 계속 추적당하며 도망다니는 신세로 전락하고 말았다. 그런 와중에도 작품 활동은 계속했으니 창작에 대한 집념만큼은 알아줄 만하다.

원래 거칠고 충동적이었던 카라바조는 21세 때 밀라노에서 경찰과 언쟁 끝에 경찰의 몸에 부상을 입히고 로마로 달아났는데, 처음에 로마에 도착했을 무렵에 무일푼의 갈 곳 없는 떠돌이 신세였던 그가 얼마 가지 않아 로마 최고의 화가로 떠오르게 된 것은 급진적이고도 매우 드라마틱한 그의 화풍이 가톨릭교회의 주목을 끌고 많은 주문을 받았기 때문이다. 당시 로마가톨릭교회는 종교개혁의 여파로 개신교의 위협에 대항하기 위한 자구책 마련에 전전긍긍하며 종교회화에 일대 쇄신을 추구하던 시기였기 때문에 카라바조의 등장은 그런 시대적 요구와도 잘 맞아떨어진 것으로 볼 수 있다.

하지만 유명세를 타기 시작하면서 더욱 기고만장해진 카라바조는 항상 허리춤에 칼을 차고 돌아다니며 가는 곳마다 걸핏하면 문제를 일으켰는데, 한번은 테니스장에서 사소한 시비 끝에 한 남자를 칼로 찔러 살해하고 나폴리로 도주하고 말았다. 이미 사형선고를 받고 현상금이 걸린 수배범이 되어 쫓기는 신세로 전락한 그는 나폴리도 안전하지 못함을 깨닫고 말타 섬으로 피신해 말타 기사단의 일원이 되기도 했지만, 얼마 가지 않아 그곳에서마저 기사 한 명에게 중상을 입히고 감옥에 갇히는 신세가 되었으며 기사단에서도 축출당하고 말았다.

가까스로 탈옥에 성공한 그는 시실리를 경유해 다시 나폴리로 도주했다가 자신에게 복수를 다짐하는 추적자들을 피해 로마로 가던 도중에 의문사하고 말았는데, 소문에는 얼굴에 중상을 입고 열병에 걸려 죽었다고도 하고 추적자들에 의해 살해되었다는 풍문도 있지만 확인된 사실은 없다. 짐작컨대 그를 살해하기 위해 그토록 집요하게 조직적으로 추적한 집단은 말타 기사단일 것으로 추정되지만 입증된 사실은 아니다.

남쪽으로 도주했던 그가 갑자기 진로를 바꿔 로마로 향한 것도 교황에게 자비를 구하면서 자신의 사면과 신분보호를 요청하기 위한 것으로 보인다. 당시 쫓기는 신세였던 그는 극도의 피해망상에 사로잡힌 것으로 보이는데, 잠잘 때도 옷을 벗지 않고 검을 쥔 상태로 잠들 정도로 편집증적 상태에 있었으며, 자신의 그림에 대해 조금이라도 안 좋은 말을 들었을 때는 가차 없이 그 작품을 찢어 버릴 정도로 지나친 과민반응을 보였다고 한다. 그의 나르시시즘이 어느 정도였는지 짐작케 해 주는 모습이 아닐 수 없다.

〈살로메와 세례 요한〉에서도 살로메가 들고 있는 쟁반 위에 세례 요한의 목이 올려져 있는데, 그 얼굴 역시 카라바조 자신의 모습이다. 옆으로 비스듬히 놓여 있는 그의 얼굴 표정은 차라리 평온한 모습인 데 반해서 쟁반을 들고 있는 살로메는 오히려 잘린 목을 외면하고 서 있다. 소심해 보이기까지 하는 그녀의 자태로 봐서는 요부의 이미지를 떠올리기 힘든 모습이 아닐 수 없다. 상식적으로 이해하기 어려운 이 그림을 카라바조는 과거에 자신을 돌봐 준 말타 기사단장에게 보냈는데, 말타에서 저지른 자신의 범죄행위에 대한 용서를 구걸하는 의미로 그랬던 것으로 보인다(그림 3).

그림 3 카라바조, 살로메와 세례 요한, 1609년, 오일용 캔버스, 116×140cm, 마드리드, 스페인 왕실 소장

하지만 그림 속의 자기징벌 형태의 묘사 정도로 자신이 저지른 과오를 덮을 수 있으리라고 여긴 카라바조야말로 정말 나이브한 발상의 소유자가 아닐 수 없다. 비록 그는 다양한 종교적 주제를 다루며 극적인 묘사로 유명세를 날리기도 했으나, 신앙심이 그다지 깊지도 못했을 뿐만 아니라 말타 기사단이 목숨보다 소중히 여기는 명예 따위는 안중에도 없던 인물이었기 때문에 그 정도의 성의 표시로 자신에 대한 기사단의 보복이나 추적 행위가 무마되리라고 가볍게 여긴 것으로 보인다. 그러나 말타 기사단은 그에 대한 응징을 결코 철회하지 않았다. 물론 그의 죽음이 기사단의 소행인지 여부는 밝혀진 적이 없지만, 그럴 가능성은 충분히 있다고 여겨진다.

그림 4 카라바조, 홀로페르네스의 목을 자르는 유딧, 1598 – 1599년, 오일용 캔버스, 145 ×195cm, 로마, 국립 고대미술관

〈홀로페르네스의 목을 자르는 유딧〉에도 목이 잘려 누워 있는 적장 홀로페르네스는 카라바조의 얼굴로 둔갑하고 있다(그림 4). 이 작품 역시 온갖 비행을 저지르고 다닌 자신을 스스로 처단하는 의미로 그린 것처럼 보인다. 다만 고통에 못 이겨 절규하는 듯이 보이는 카라바조의 일그러진 표정에 반해

예리한 검으로 그 목을 자르는 유딧의 표정은
오히려 못할 짓을 한다는 듯이 눈살을 찌푸리고
있는데, 자신의 목을 자르는 것이니 본의 아니
게 그렇게 묘사했을 것으로 보인다. 그런 점에
서 동시대에 활동한 여류화가 젠틸레스키가 다
룬 동일한 주제의 그림에서 보이는 유딧의 매우
단호한 모습과는 극명한 대조를 이루고 있음을
알 수 있다(그림 5).

그림 5 젠틸레스키, 홀로페르네스의 목을 자르는 유딧. 1611–1612
년, 159×126cm, 나폴리, 카포디몬테 미술관

　　이처럼 매우 기묘한 형태의 자화상이 지닌
공통점은 숱한 과오를 범한 카라바조 자신에게
참수라는 극단적인 형벌을 내리는 의미가 담겨 있다고 볼 수 있는데, 그의 포악
한 성격이 어떻게 형성되었는지에 대해서는 알려진 사실이 없다. 다만 오늘날
과학적 정밀조사에 의하면 카라바조가 당시 사용하던 물감의 주성분인 납중독
에 의한 광기로 인해 여러 불미스러운 난폭행위를 벌이고 다닌 것으로 보기도
한다. 실제로 최근에 발굴된 그의 유골에서 상당량의 납 성분이 검출되었다는
보고도 있지만, 동시대에 같은 물감을 사용한 다른 화가들은 그런 이상행동을
보이지 않았다는 점에서 그런 설명도 충분치는 않아 보인다.
　　카라바조가 의문사를 당하고 실종된 지 10여 년이 지나 동시대에 활동했던

화가 오타비오 레오니가 그린 카라바조의
초상화는 그의 실제 모습을 접할 수 있는
유일한 작품이라 할 수 있는데, 적개심으로
이글거리며 타오르는 듯한 강렬한 눈빛과
상대를 경계하는 듯한 의혹의 눈길, 그리고
특히 유달리 길게 늘어진 눈썹이 매우 강인
한 인상을 심어 준다(그림 6). 잘못 건드리면
단번에 칼집에서 검이라도 뽑아 들 기세다.

그림 6 오타비오 레오니, 카라바조의 초상, 1621년, 분필화, 23.4×
16.3cm, 피렌체, 마루첼리아나 도서관

　　프로이트는 에로스와 타나토스의 두 가
지 삶의 동력에 대해 언급한 적이 있지만,
일련의 이런 잔혹한 내용의 자화상을 보면, 카라바조는 삶을 사랑하기보다는
오히려 죽음에 대해 더욱 큰 친화력을 지닌 듯이 보이기도 한다. 그것은 그가
말년에 그린 〈성 제롬〉에서도 엿보이는데, 어두운 골방에서 해골을 앞에 두고
붉은 포를 걸친 자세로 독서에 몰입
하고 있는 성자의 모습에서 그런 성
향을 읽을 수 있다(그림 7).

그림 7 카라바조, 성 제롬, 1605년, 오일용 캔버스, 112×157cm, 로마, 보르게세 미술관

더군다나 항상 칼을 차고 다니며 시비를 일으키고 인명까지 해친 그의 무모한 행적은 세상에 대한 적개심을 드러낸 것이기도 한데, 그런 분노와 적개심은 어린 시절 일찌감치 부모를 잃고 고아신세가 되면서 따뜻한 정을 받지 못하고 자란 탓으로 보인다. 다른 한편으로는 아동기에 해결되지 못한 오이디푸스 갈등의 잔재로 볼 수도 있으며, 칼로 상징되는 남근 콤플렉스와 거세공포castration fear가 그의 삶을 지배했던 것으로 이해할 수도 있다. 앞서 소개한 자화상을 비롯해 메두사 그림을 통해서도 그런 갈등의 흔적을 얼마든지 엿볼 수 있기 때문이다(그림 8).

그림 8 카라바조, 메두사, 1597년, 오일용 캔버스, 60×55cm, 피렌체, 우피치 미술관

프로이트는 일찍이 〈메두사의 머리〉라는 논문에서 메두사의 머리를 본 사람들이 돌처럼 굳어 버리는 것은 결국 거세공포 때문이라는 주장을 펼치기도 했는데, 메두사의 머리를 감싸고 있는 끔찍스러운 뱀들의 형상이 남근을 상징한다고 본 것이다. 더 나아가 독일의 분석가 오토 페니켈은 오랜 전통을 지닌 참수형도 남근의 상징인 머리를 자름으로써 사람들에게 극도의 공포감을 조장하는 효과를 발휘한 것으로 보기도 했다. 카라바조의 자화상에서처럼 화가 자신의 머리가 잘린 장면을 보여 준 것도 일종의

자발적인 상징적 거세라고 봤을 때 그런 해석이 전혀 근거 없는 주장으로 볼 수만도 없을 듯하다.

어쨌든 카라바조의 삶은 천방지축으로 행동하는 무모한 충동적 성향 때문에 스스로 자기 무덤을 파고 말았는데, 그것이 광기의 소산이었든 아니면 불행한 성장과정에서 비롯된 성격적 결함 탓이든 간에 그토록 뛰어난 재능을 더 이상 발휘하지 못하고 일찍 요절한 사실은 실로 안타까운 일이다. 하기야 라파엘도 비슷한 나이로 죽었지만, 라파엘은 그래도 교황의 총애를 듬뿍 받았을 뿐만 아니라 죽은 후에도 성대한 장례식까지 치를 수 있었던 반면에, 카라바조는 살인범 신세로 항상 쫓기며 살다 낯선 객지에서 비명에 갔으며, 사후 400년이 지난 2010년에 가서야 비로소 유해가 발견될 정도로 참담한 최후를 맞이했으니 참으로 운이 따라 주지 않은 천재였다고 할 수 있겠다.

루벤스

다작가로 유명한 벨기에 화가 루벤스^{Peter Paul Rubens, 1577-1640}는 17세기 바로크 시대를 대표하는 천재화가다. 원래 그는 독일 베스트팔렌 지방 출신으로 변호사였던 아버지가 불륜을 저지르고 감옥에 간 사이에 태어났는데, 아버지가 세상을 떠난 후 12세경 무렵 어머니, 형과 함께 벨기에로 이주해 안트베르프에서 자랐다. 비록 어머니는 개신교도였지만 가톨릭 학교를 다닌 루벤스는 그 영향으로 일생 동안 가톨릭 정신에 입각한 미술작품으로 명성을 날렸다.

20대 초에 떠난 이탈리아 여행은 루벤스에게 큰 영향을 주었는데, 특히 티치아노, 레오나르도 다 빈치, 미켈란젤로, 라파엘, 카라바조 등의 작품에서 많은 영감을 받았다. 8년에 이르는 이탈리아 체류 기간을 통해 루벤스는 이미 그 실력을 인정받는 유명화가로 떠올랐으나 어머니가 위독하다는 연락을 받고 서둘러 귀국해야만 했다. 하지만 그가 도착하기도 전에 어머니는 숨을 거두고 말았다.

어머니의 장례를 치른 후 루벤스는 두 번 다시 안트베르프를 떠나지 않겠다는 결심을 다졌으며, 그 결심은 이사벨라 브란트와 결혼한 이후에도 결코 변함이 없었다. 하지만 그의 명성이 유럽 전역에 퍼지면서 그의 결심은 오래 지속될

그림 1 루벤스, 루벤스와 이사벨라, 1609년, 오일용 캔버스, 178× 136.5cm, 독일 뮌헨, 알테 피나코테크

수 없었다. 왜냐하면 스페인 왕실의 요청에 따라 외교관으로 활동하며 동분서주해야 했기 때문이다.

30대 초반에 그린 그의 자화상에는 아내 이사벨라와 함께 그 우아한 자태를 드러내 보이고 있는데, 귀족풍의 옷차림으로 서로 손을 마주잡고 있는 부부의 모습이 매우 정겹게 보인다(그림 1). 하지만 함께 동고동락했던 아내의 건강이 여의치 못하게 되자 그의 모습은 다소 욕구불만에 가득 찬 표정을 띠기 시작하고 있으며, 당시 40대 후반이었던 루벤스는 카이제르 수염을 기르고 챙이 넓은 모자로 한껏 멋을 부린 모습이지만 그 표정은 매우 차갑고 냉랭해 보이기까지 한다(그림 2). 반면에 그의 아내 이사벨라는 비록 미소를 띠고 있기는 하지만 수척한 모습에 매우 병약한 상태임을 알 수 있다(그림 3).

그림 3 루벤스, 이사벨라 브란트의 초상, 목탄화, 1621년, 38×28cm, 런던 영국박물관

그림 2 루벤스, 자화상, 1623년, 오일용 파넬, 85.7×62.2cm, 시드니, 호주 국립미술관

루벤스는 아내 이사벨라가 30대 젊은 나이로 흑사병에 걸려 갑자기 세상을 떠난 이후 한동안 실의에 빠져 지냈는데, 당시 나이 오십에 이른 루벤스가 그린 자화상을 보면 다소 의기소침해 있는 상태임을 알 수 있다(그림 4). 다른 자화상에서처럼 그는 여전히 모자를 쓰고 있는데, 루벤스가 그토록 모자에 집착한 이유는 자신의 대머리를 감추기 위한 것으로 볼 수 있다. 우리는 40대와 50대에 그린 다른 자화상에서 모자를 벗은 모습을 발견할 수 있다(그림 5, 6).

그림 4 루벤스, 자화상, 1628-1630년, 오일용 캔버스, 61.5×45cm, 빈, 미술사 박물관

그림 5 루벤스, 자화상, 1620년, 오일용 캔버스, 41×34cm, 개인 소장

그림 6 루벤스, 자화상, 1628년, 오일용 캔버스, 피렌체, 우피치 미술관

그림 7 루벤스, 엘렌 푸르망의 초상, 1638년, 오일용 캔버스, 176×83cm, 빈, 미술사박물관

결국 루벤스는 53세 무렵에 불과 16세의 어린 소녀 엘렌 푸르망과 결혼해 활기를 되찾았는데, 그녀의 모습은 〈엘렌 푸르망의 초상〉에서 보듯이 비너스를 연상시키는 관능미를 물씬 풍기고 있다(그림 7). 엘렌의 풍만한 몸매는 그 후 루벤스의 작품에 등장하는 비너스를 포함해 많은 여성상의 모습에 큰 영감을 준 것으로 보인다. 어쨌든 엘렌과의 결혼을 통해서 루벤스는 새로운 활기를 되찾고 매우 관능적인 작품들을 그리기 시작했으며, 그녀의 존재는 그의 후기 창작활동에 커다란 활력소로 작용했음에 틀림없다.

특히 풍만한 여체에 대한 루벤스의 집착은 그 후 '루벤시안'이라는 신조어까지 낳았는데, 이는 물론 모성에 대한 그리움의 반영일 수 있으며, 수많은 성모상을 그린 배경도 설명할 수 있겠다. 하지만 그가 엘렌과 결혼한 1630년 무렵에 그린 〈시몬과 페로〉는 숱한 외설 시비를 낳으며 구설수에 오르게 됨으로써 루벤스의 명예에 큰 오점을 남기고 말았다(그림 8). 왜냐하면 감옥에 갇힌 늙은 아버지에게 젖을 먹이는 딸의 모습과 그 장면을 밖

그림 8 루벤스, 시몬과 페로, 1630년, 오일용 캔버스, 155×190cm, 암스테르담, 국립미술관

에서 지켜보고 있는 간수들의 모습을 담고 있기 때문이다. 더군다나 그 노인과 딸의 얼굴은 여지없이 루벤스 자신과 엘렌의 모습을 그대로 옮긴 것이어서 더욱 큰 논란을 낳았다.

물론 고대 로마에서 전승된 시몬과 페로의 감동적인 이야기는 아버지의 목숨을 살린 딸의 갸륵한 효성에 관한 내용으로 수많은 화가의 작품에서 다루어진 주제이기도 하지만, 매우 금욕적인 기독교 문화권에서는 근친상간적 냄새가 물씬 풍기는 부도덕한 장면으로 인해 경원시되기도 했다. 프로이트 관점에서 보자면 오이디푸스 콤플렉스의 일면을 드러낸 것으로 이해할 수도 있겠으나 카를 융은 부녀지간의 밀착된 관계를 엘렉트라 콤플렉스Electra complex라는 용어를 사용해 따로 구분하기도 했다. 루벤스는 1612년에 이미 동일한 주제의 그림을 그린 적이 있지만(그림 9), 그 분위기가 더욱 에로틱해졌다고 볼 수 있다. 어쨌든 그런 논란 때문에 루벤스는 그 후 왕족들로부터 주문이 끊기게 되

그림 9 루벤스, 로마의 자선, 1612년, 오일용 캔버스, 141×180cm, 러시아 상트페테르부르크, 예르미타시 미술관

는 수모를 겪게 되었으며, 예전과 같은 성화나 역사화 같은 대작들을 그리지 못하고 주로 풍경화 쪽으로 관심을 돌리게 되었다.

그림 10 루벤스, 자화상, 1639년, 오일용 캔버스, 109.5×85cm, 빈, 미술사 박물관

그림 11 루벤스, 엘렌 푸르망과 아들 페터 파울, 1639년, 203.8×158.1cm, 나무판에 유채, 뉴욕, 메트로폴리탄 미술관

부와 명성을 동시에 쌓은 루벤스는 비록 행복한 여생을 보냈지만, 오랜 지병인 통풍과 심장병으로 세상을 떠났다. 그럼에도 루벤스가 죽기 한 해 전에 그린 자화상이나 가족의 초상화를 보면 그토록 오랜 기간 병마에 시달린 환자의 모습을 상상하기가 어려운 게 사실이며(그림 10, 11), 더군다나 그가 63세 나이로 사망할 당시 26세였던 엘렌은 그의 다섯 번째 자녀인 아기를 잉태하고 있었으니 루벤스의 정력이 얼마나 남달랐는지 알 수 있다.

하지만 엘렌과 금슬이 좋았다고 해서 루벤스가 전처 이사벨라를 완전히 잊은 것은 결코 아니었다. 말년에 그린 〈미의 세 여신〉을 보면 왼쪽에 이사벨라, 오른쪽에 엘렌의 모습으로 여신을 묘사하고 있어 이사벨라에 대한 사랑이 여전함을 보여 준다(그림 12). 그는 엘렌과의 사이에서 낳은 차녀에게도 '이사벨라 – 헬레나'라는 이름을 붙여 줄 정도로 전처에 대한 미련이 매우 컸음을 알 수 있다. 다만 엘렌과 차이가 있다면 이사벨라의 건강이 따라 주지 못했다는 사실 한 가지였을 것

이다. 루벤스가 죽고 상당한 유산을
물려받은 엘렌은 그 후 안트베르프의
실력자와 재혼해 다시 6남매를 낳아
키웠으며, 59세 나이로 사망했다.

그림 12 루벤스, 미의 세 여신, 1635년, 나무에 유채, 221×181cm, 마드리드, 프라도 미술관

젠틸레스키

그림 1 젠틸레스키, 수산나와 두 노인, 1610년, 170×121cm, 독일 폼메르스펠덴, 쇤보른 가문 소장

아르테미시아 젠틸레스키Artemisia Gentileschi, 1593–1656는 이탈리아 바로크 시대를 대표하는 여류화가로 서양미술 역사에서 가장 최초의 페미니스트 화가로 알려져 있다. 로마에서 화가인 오라치오 젠틸레스키의 딸로 태어난 그녀는 어려서부터 아버지에게 미술 수업을 받았으며, 소녀 시절부터 두각을 나타내기 시작해 여성화가로서는 최초로 역사화 및 종교화를 그려 주목을 끌었는데, 불과 17세 때 발표한 〈수산나와 두 노인〉을 통해서도 알 수 있듯이 그 나이에 이미 뛰어난 재능을 과시하고 있음을 알 수 있다(그림 1).

　　더욱이 당시 사회 분위기는 여성들의 미술 공부를 일체 허락하지 않은데다 역사화나 종교화를 여성이 그릴 수 있다고는 감히 상상도 하지 못하던 시절이었기 때문에 그런 시대적 편견을 처음으로 깨트렸다는 점에서도 그녀의 존재가 더욱 빛을 발한다. 실제로 그녀는 19세 때 미술학교에 지원했으나 뛰어난 재능에도 불구하고 입학을 거부당하고 말았다.

그런데 문제는 당시 그녀의 아버지 부탁으로 그녀를 지도했던 스승 아고스티노 타시에게 강간을 당했다는 사실에 있었다. 그 일로 해서 그녀의 아버지는 동료이기도 했던 타시를 당국에 고발했는데, 반 년 이상 끈 법정 소송으로 인해 그녀는 피해자임에도 불구하고 오히려 부도덕하고 음탕한 여자로 손가락질 받는 처지가 되고 말았다.

그 과정에서 타시는 마지못해 그녀와 결혼할 뜻을 비치고 약속까지 했지만, 나중에 가서 그 약속 이행을 거부함으로써 다시 고발당하는 처지가 되었다. 7개월간이나 지속된 재판 과정에서 타시는 자신의 처제와 간통을 저지르고 부인마저 살해할 계획을 세웠다는 사실까지 밝혀짐으로써 결국 징역 1년 형을 선고받았으나, 그 재판으로 인해 그녀는 더욱 큰 수모를 겪어야 했다. 왜냐하면 그녀는 진찰대 위에 누워 정밀검사를 받아야 했을 뿐만 아니라 고문까지 당했으니 이처럼 억울한 일이 또 어디 있겠는가.

그런 점에서 당시 그녀가 그린 〈수산나와 두 노인〉의 주제 역시 심상치 않음을 알 수 있다. 왜냐하면 〈다니엘 서〉에 나오는 수산나 역시 젠틸레스키처럼 억울한 누명을 쓰고 곤욕을 치렀기 때문이다. 수산나는 정원에서 목욕하던 중에

그림 2 젠틸레스키, 자화상, 1615년, 오일용 캔버스, 31.8×24.8cm, 개인 소장

그녀를 탐낸 두 노인의 요구를 거절했는데, 이에 앙심을 품은 두 노인은 그녀가 젊은 남자와 사통한다는 거짓 소문을 퍼뜨리고 간통혐의로 수산나를 법정에 고발했으며, 결국 그녀는 사형선고를 받고 형장으로 끌려가게 되었다. 죽음의 문턱에 선 그녀가 신에게 자신의 억울함을 호소하자 그때 지혜로운 다니엘이 나타나 그녀의 억울한 누명을 벗겨 주고 두 노인의 죄를 만천하에 드러나게 해서 도왔다는 내용인데, 젠틸레스키의 억울함을 풀어 줄 인물은 현실적으로 아버지밖에 없었다.

법정 투쟁이 마무리된 후 그녀의 아버지는 딸의 명예를 되찾아 주기 위해 피렌체의 화가 피란토니아와 혼인시켰는데, 피렌체로 거주지를 옮긴 그녀는 4남 1녀를 낳았지만, 아들 넷은 모두 일찍 죽고 유일하게 살아남은 딸을 데리고 1621년 로마로 다시 돌아오고 말았다. 그런 심적 고통을 겪던 시절에 그린 그녀의 자화상을 보면 실의에 빠진 모습이 아니라 오히려 매우 당차고 도발적인 표정을 엿볼 수 있다(그림 2, 3).

그림 3 젠틸레스키, 류트를 연주하는 자화상, 1613-1614년, 오일용 캔버스, 30×28cm, 미국 미니애폴리스, 커티스 미술관

다시 말해서 그녀에게 이루 말할 수 없는 수모와 치욕을 안겨 준 세상의 모든 남성에 대한 그녀의 분노와 반항심이 굳게 다문 입술과 노려보는 듯한 시선에서 느낄 수 있는데, 그런 도전정신은 그 후 더욱 강화되어 마침내 〈홀로페르네스의 목을 자르는 유딧〉을 비롯한 여러 걸작들을 연이어 발표하기에 이르렀다(그림 4). 카라바조의 영향을 크게 받은 이 작품은 단연 그녀의 대표작으로 꼽히기도 하지만, 특히 적장의 목을 자르는 유딧의 강인한 모습이 매우 인상적이며, 동일한 주제를 다룬 카라바조의 작품에 나타난 유딧의 소극적인 모습과도 극명한 대조를 이룬다.

그림 4 젠틸레스키, 홀로페르네스의 목을 자르는 유딧, 1620년, 오일용 캔버스, 199×162cm, 피렌체, 우피치 미술관

왜냐하면 카라바조가 묘사한 유딧은 마치 못할 짓을 한다는 듯이 눈살을 찌푸리고 있는 데 반해서 젠틸레스키의 유딧은 매우 단호한 표정으로 거침없이 적장의 목을 자르고 있기 때문이다. 그것은 다름 아닌 부당한 권력을 행사하는 세상의 모든 남성들에 대한 상징적 응징이자 경고의 성격을 띠고 있다 해도 과언이 아닐 것이다. 그런 점에서 그녀를 가장 최초의 페미니스트 화가로 부르는 것도 결코 과장된 표현이 아님을 알 수 있다.

그녀는 용맹스러운 유딧을 주제로 여러 편의 작품을 남겼는데, 〈유딧과 하녀〉도 그중의 하나라 할 수 있다(그림 5). 그녀가 이처럼 유딧의 주제에 그토록 집착한 것은 결국 자신이 겪은 억울한 사연과 정신적 고통, 그리고 부당한 현실에 대한 복수심에서 비롯된 강력한 의지의 표현으로 보이는데, 그녀가 묘사한 유딧의 모습은 단순히 남성들에 순종하며 성적 욕망의 노리개에 머무는 그런 차원을 벗어나 매우 당당하고 냉철하며 과감한 용기와 결단력마저 겸비한 여전사의 이미지를 보여 준다는 점에서 과거에는 볼 수 없었던 새로운 여성상을 제시한 것으로 평가된다.

그림 5 젠틸레스키, 유딧과 하녀, 1614-1620년, 오일용 캔버스, 114× 93.5cm, 피렌체, 팔라티나 미술관

불행에 빠진 딸 때문에 마음 편할 날이 없었던 아버지는 1639년 갑자기 세상을 떴는데, 그 무렵에 그린 그녀의 자화상을 보면, 비록 정면이 아니기 때문에 그녀의 표정을 정확히 읽기가 어렵긴 하나 당당한 체격에 매우 기운찬 모습으

로 자신의 작품에 몰두하고 있는 모습을 보여 주고 있어 그 어떤 시련에도 굴하지 않는 그녀의 당찬 기질을 엿볼 수 있다(그림 6). 그것은 그녀의 굵은 팔뚝과 야무진 표정을 통해서도 확인할 수 있다. 비록 그녀는 잠시 영국에 체류하기도 했으나 1642년 영국을 떠난 이후로는 그녀의 행적이 불분명해졌으며, 그 후 나폴리에 머무른 사실만 알려져 있다. 다만 1656년 나폴리를 엄습한 흑사병에 희생된 것으로 추정될 뿐이다.

그림 6 젠틸레스키, 자화상, 1638~1639년, 오일용 캔버스, 96.5×73.7cm, 런던, 영국왕실 소장

반다이크

   네덜란드의 화가 반다이크Anthony van Dyck, 1599-1641는 특히 초상화에 뛰어난 솜씨를 보여 평생 동안 200점이 넘는 초상화를 남겼는데, 30대 초반에 영국으로 건너가 찰스 1세의 궁정화가로 활동하면서 영국 화단에 지대한 영향을 끼쳤으며, 수채화의 효시로도 알려져 있다. 런던에서 42세로 일찍 요절했다.

   그는 플랑드르 지방의 안트베르프 태생으로 부유한 집안의 아들로 태어나 이른 나이부터 미술에 뛰어난 재능을 보여 15세에 이미 자신의 자화상을 통해 독립된 화가로 등단할 정도로 조숙했다. 그 후 루벤스의 제자가 되어 각별한 총애를 받으며 기대를 한몸에 받았지만, 광적인 미술애호가였던 영국의 찰스 1세의 초빙을 받아 영국으로 건너간 이후 영국시민으로 귀화했으며, 39세 무렵에 뒤늦게 귀족의 딸인 메리와 혼인까지 했으나 갑자기 건강이 악화되어 숨지고 말았다.

   소년시절에 그린 그의 자화상은 풀어 헤친 금발머리에 매우 똘똘해 보이는 눈빛으로 관객을 등지고 선 자세에서 뒤돌아보는 모습을 하고 있는데(그림 1), 15세의 소년치고는 매우 조숙하고 야심에 가득 찬 표정이

그림 1 반다이크, 자화상, 1613-1614년, 오일용 캔버스, 26×20cm, 빈, 조형예술 박물관

독특하다고 할 수 있다. 더군다나 어린 소년의 작품이라고 믿기 어려울 정도로 적어도 인물화 분야에서만큼은 이미 달인의 경지에 도달해 있었던 것으로 보인다.

20대 초반의 자화상 역시 검은 의상을 걸치고 비스듬한 자세로 정면을 응시하고 있으며, 동글동글한 얼굴에 살짝 미소를 머금고 있는 모습이 매우 영악스러워 보인다(그림 2, 3). 소위 얼짱 각도의 포즈를 취한 그의 태도는 자신감에 가득 찬 표정뿐 아니라 더 나아가 교만심까지 엿보게 하는데, 앳된 모습을 그대로 유지하고는 있어도 일말의 불안감을 감추고 있는 듯이 보이기도 한다. 당시 그는 자신의 앞날이 불투명한 상태였기 때문에 그럴 수도 있었을 것이다.

그림 2 반다이크, 자화상, 1620~1621년, 오일용 캔버스, 119×87cm, 뉴욕, 메트로폴리탄 미술관

그림 3 반다이크, 자화상, 1621년, 오일용 캔버스, 82×70cm, 독일 뮌헨, 알테 피나코테크

그림 4 반다이크, 자화상, 1629년, 오일용 캔버스, 62×45.5cm, 영국 도셋, 브리드포트 미술관

그림 5 반다이크, 자화상, 1632년, 오일용 캔버스, 79×62cm, 피렌체, 우피치 미술관

반면에 찰스 1세의 초빙으로 영국 왕실의 공식적인 궁정화가로 활동할 무렵인 30대에 접어들어 그린 자화상에서는 20대에 보인 앳된 모습이 사라진 대신 콧수염을 기르고 도도한 표정으로 우아한 자태를 뽐내는 모습을 보이고 있다(그림 4, 5). 반다이크 스타일 수염으로 알려진 그의 독특한 콧수염은 염소수염과 비슷한데, 그를 총애했던 찰스 1세도 똑같은 스타일의 수염을 길러 찰리 수염으로 불리기도 했다(그림 6).

반다이크 스타일의 수염은 17세기 유럽에서 크게 유행했는데, 한동안 시들했다가 19세기에 이르러 다시 부활되어 커스터 장군과 혁명가 레닌도 그런 수염을 길렀다. 독특한 수염으로는 독일 황제 프리드리히 2세의 카이제르 수염과 화가 달리의 콧수염, 독재자 히틀러와 스탈린, 희극배우 찰리 채플린의 콧수염이

그림 6 반다이크, 찰스 1세의 3면 초상, 1635년, 오일용 캔버스, 84.5×99.7cm, 영국왕실 소장

유명하지만, 수염은 남성다움의 과시, 소심함과 열등감의 은폐, 나르시시즘의 발로 등 다양한 기능을 수행하는 것으로 평가된다. 물론 반다이크는 후자에 속한다고 볼 수 있다.

더 나아가 30대 중반에 이르러서는 해바라기 앞에서 콧수염을 기른 반다이크가 화려한 붉은 상의를 걸친 채 한손으로는 찰스 1세에게서 받은 메달을 자랑스럽게 받쳐 들고 다른 쪽 손가락으로 꽃을 가리키고 있는데, 어쩌면 자신을 바라보고 있는 해바라기의 모습을 통해 스스로를 태양으로 간주한 듯이 득의만만한 표정을 짓고 있다. 해바라기는 해만 보고 사는 꽃이기 때문이다(그림 7). 그의 나르시시즘이 최정점에 도달한 시기였음을 알 수 있게 한다.

그림 7 반다이크, 해바라기가 있는 자화상, 1633년, 오일용 캔버스, 60×73cm, 개인 소장

귀족들을 상대로 런던에서 얻은 대성공에 힘입어 자만심에 가득 찬 반다이

크는 대형 작업실을 차리고 그야말로 초상화 대량 생산체제에 들어갔는데, 그런 그의 상업성 때문에 비난의 소리도 들어야 했다. 실제로 그의 작업실을 방문했던 목격자들의 증언에 의하면, 말년에 반다이크가 한 일이라고는 종이 위에 달랑 그림 한 점을 그려 놓는 것뿐이었고, 그것을 캔버스에 확대해 옮기는 작업은 모두 그의 제자들에 의해 이루어졌다는 것이다.

이처럼 약삭빠른 태도 때문에 그의 작품들은 동시대에 활약한 스페인의 궁정화가 벨라스케스에 비해 예술성이 떨어진다는 비판도 받았으며, 왕족들에 지나치게 아부한다는 원성마저 들어야 했다. 그가 그린 왕족들의 모습이 실제 인물보다 훨씬 잘생기고 예쁜 미남미녀로 묘사되어 있기 때문이다. 그러나 반다이크는 그런 것에 아랑곳하지 않고 자신의 고집대로 작업을 계속 진행시켜 나갔다.

비록 그는 초상화 외에도 신화나 역사적 사실에 대한 작품도 일부 남겼지만, 루벤스의 아류작 정도로 평가되어 그 작품성을 인정받지 못하고 말았다. 특히 벨라스케스에 비하여 볼 때 더욱 그런 느낌을 받게 한다. 반다이크 자신도 그런 차이를 느끼고 초상화에 더욱 집착했던 것으로 보인다. 어쨌든 그는 초상화 분야에서만큼은 타의 추종을 불허하는 보기 드문 대가였다고 할 수 있다.

벨라스케스

　바로크 시대를 대표하는 스페인의 화가 벨라스케스^{Diego Velázquez, 1599-1660}는 특히 초상화에 뛰어난 재능을 발휘했다. 안달루시아 지방 세비야에서 포르투갈 출신 유대계 변호사의 아들로 태어난 벨라스케스는 일찌감치 그 재능을 인정받아 펠리페 4세의 스페인 궁정화가로 지명되어 주로 왕족들을 대상으로 수많은 걸작 초상화를 남겼다.

　비록 왕족들의 보호 아래 생활고를 겪지는 않았지만, 41세 때 그린 벨라스케스의 자화상은 치켜 올린 콧수염에 곁눈질로 노려보듯 관객을 응시하는 눈초리가 매우 날카롭다는 인상을 준다. 그의 예리한 시선은 결코 현실에 만족할 수 없다는 불만에 가득 찬 모습이며, 그 어떤 불합리한 구조도 단호히 거부하는 태도를 보이고 있는 듯하다. 굳게 다문 입술에서 그런 의지를 엿볼 수 있다(그림 1). 40대 중반에 이른 자화상 역시 굳게 다문 입술에 몹시 침울하고 화가 난 표정을 짓고 있는데, 왕족들의 비위나 맞추며 살아가야 하는 자신

그림 1 벨라스케스, 자화상, 1640년, 오일용 캔버스, 46×38cm, 스페인 발렌시아, 발렌시아 미술관

그림 2 벨라스케스, 자화상, 1643년, 오일용 캔버스, 70×58cm, 피렌체, 우피치 미술관

그림 3 벨라스케스, 자화상, 1645년, 오일용 캔버스, 104×83cm, 피렌체, 우피치 미술관

의 처지에 대한 불만이기 쉽다(그림 2. 3).

그러나 57세 때 그린 걸작 〈시녀들〉에서는 자신의 키보다 두 배 이상 큰 거대한 캔버스 앞에서 작업 중인 자신의 모습을 삽입하고 있는데, 가슴에 붉은 십자가 문양이 그려진 검은 의상을 걸치고 양손에는 붓과 팔레트를 든 모습이 오히려 매우 근엄해 보이기까지 하지만, 다른 한편으로는 다소 시큰둥한 모습 또한 엿볼 수 있다(그림 4).

그림 4 벨라스케스, 시녀들, 1656년, 오일용 캔버스, 318×276cm, 스페인 마드리드, 프라도 미술관

더군다나 손에 든 붓과 팔레트만 아니면 그는 여지없이 십자군 기사처럼 보이기도 한다. 그렇게 정장 차림으로 작업을 한다는 일

이 몹시 거추장스러웠을 법한데, 굳이 그런 옷차림에 신경을 쓴 것은 아마도 자신이 유대인 출신이라는 약점을 감추기 위한 의도가 있었을 것으로 짐작되기도 한다. 가슴에 선명하게 새겨진 붉은 십자가 문양이 그런 의도를 더욱 뒷받침한다(그림 5).

그림 5 〈시녀들〉에 나오는 벨라스케스의 모습

실제로 그는 국왕의 특별 지시로 산티아고 기사단의 일원으로 임명되기도 했지만, 수년간 입단을 고사하다가 죽기 직전에 가서야 비로소 마지못해 그 뜻을 받아들였는데, 아무래도 유대인 신분이라는 점이 마음에 걸렸던 것으로 보인다. 더군다나 십자 문양은 처음에는 없던 것으로 죽기 직전 기사 작위를 받아들인 후에 추가로 덧붙여진 것이다. 일설에 의하면, 벨라스케스가 사망한 후 국왕의 지시로 그려 넣은 것이라는 주장도 있다.

어쨌든 화면 한 구석에는 공주의 시중을 드는 수녀 한 사람이 경호원과 담소를 나누고 있는데, 마치 그의 작업을 감시라도 하듯이 서 있으니 신경을 쓰지 않을 수 없었을 것이다. 어린 공주의 시중을 드는 시녀들도 모두 어린 소녀들이며 두 사람의 난쟁이 앞에는 매우 험상궂어 보이는 개 한 마리가 앉아 한가롭게 졸고 있는 모습이다. 개의 등장도 매우 시사적이다. 왜냐하면 개 역시 감시자 노릇을 하고 있기 때문이다.

그림에 등장하는 인물은 모두 열한 명인데, 거울에 비친 국왕 부처와 시종, 그리고 화면 중앙에 위치한 공주와 두 사람의 시녀와 두 난쟁이, 뒤에 서 있는 수녀와 경호원 등이다. 왕족인 세 사람만 빼고 나머지는 모두 그들을 위해 시중 드는 사람들이다. 왕권과 교황권의 지배에 대한 은밀한 반감이 작품 속에 숨겨 져 있는 듯이 보인다.

반면에 벨라스케스가 실제로 작업하고 있던 일은 국왕 부부의 모습이라는 주장도 있는데, 캔버스에 담긴 모습이 잠시 거울에 비친 것일 뿐이라는 주장이 다. 공주와 시녀들만을 상대로 그렸다면 벨라스케스와 캔버스의 방향이 잘못 되어 있기 때문이다. 하지만 이 그림은 이중적 의미가 겹친 초상화이기 쉽다. 그것은 지배자에 대한 충성과 반감이 교차되는 벨라스케스 자신의 양가적인 감 정을 드러낸 것이기 때문이다.

17세기 바로크 미술의 걸작으로 꼽히는 〈시녀들〉은 수수께끼 같은 구성과 등장인물들로 인해 그 후에도 여러 다양한 해석들이 구구했는데, 프랑스의 철 학자 미셸 푸코 역시 자신의 저서 《사물의 질서》에서 이 그림을 분석한 바 있 다. 푸생의 〈아르카디아의 목자〉만큼이나 숱한 논란을 불러일으킨 이 작품에 서 특히 문제가 되고 있는 부분은 벽에 걸려 있는 거울 속에 그려진 국왕 부부 의 모습으로, 형체를 알아보기 어려울 정도로 매우 희미하게 그려져 있다.

또 다른 거울 속에는 왕비의 시종이 문 앞에 서서 커튼 줄을 쥐고 실내조명을 조절하는 듯이 보이기도 하는데, 벨라스케스가 흠칫 놀란 표정으로 잠시 동작을 멈춘 자세에서 정면을 응시하고 있는 모습이다. 벨라스케스가 뭔가에 들킨 듯이 놀란 이유는 어쩌면 작은 거울 속에 그려진 희미한 형태의 국왕 부부의 모습에 있을지도 모른다. 마치 앞으로 다가올 스페인 제국의 몰락을 예견이라도 한 듯이 유령처럼 희미하게 사라져 가는 모습으로 그렸기 때문이다. 벨라스케스는 은근히 스페인 제국의 몰락을 바라고 있었던 것일까. 오른쪽의 한 시녀가 공주에게 무릎을 살짝 굽히고 절하는 모습 또한 마치 마지막 작별을 고하는 모습처럼 보인다면 지나친 억측일까.

스페인 왕족에 대한 그의 은밀한 반감은 물론 자신의 동족들이 당했던 쓰라린 박해에 있었을지도 모른다. 실제로 스페인은 중세유럽에서 유대인 박해가 가장 심했던 국가 중의 하나였는데, 1391년에는 스페인 전국에서 대규모의 유대인 학살이 자행되었으며, 세비야 한곳에서만도 폭도들에 의해 학살된 유대인이 4,000명을 넘었다. 1492년에는 무려 80만에 달하는 유대인들이 박해를 피해 유럽 각지로 흩어졌으며, 그중 절반 이상이 포르투갈로 피신했지만 그곳에서도 여전히 박해를 받았다. 기독교로 개종하고 스페인에 잔류한 유대인은 불과 7만명에 불과했는데, 그들은 스페인 사람과는 별도로 마라노라고 불렸다.

다시 말해, 벨라스케스는 기독교로 개종한 마라노인 셈이다. 비천한 유대인 신분에도 불구하고 뛰어난 재능 덕분에 특별히 궁정화가로 발탁되어 활동했지만, 한시도 마음 놓을 수 없는 처지였을 테니 그의 내심은 항상 불안했을 게 분명하다. 하지만 자화상에 드러난 그의 표정에서는 그런 불안을 철저히 감추고 있다. 오히려 다소 불만에 찬 모습인데 그것은 아마도 초상화 이외의 자유로운 표현이 허용되지 않는 자신의 처지에 대한 불만이기 쉽다.

그림 6 벨라스케스, 교황 인노센트 10세, 1650년, 오일용 캔버스, 141×119cm, 로마, 도리아 팜필리 미술관

그런 불만은 51세 때 로마에서 그린 교황 인노센트 10세의 초상화에서도 엿볼 수 있는데, 호화로운 옷차림으로 의자에 앉아 있는 교황은 인자하고 자애로운 모습이 아니라 매우 교활하고도 신경질적인 표정으로 못마땅한 듯이 얼굴을 찌푸린 채 정면을 노려보고 있다. 강요에 의해 마지못해 그린 화가의 불만이 그대로 드러난다(그림 6). 단순히 권력자에게 아부하지 않고 소신껏 내면적 심리상태까지 표현한 기법이 실로 대담하기까지 하다.

벨라스케스는 19세 때 세비야 시절에 그린 〈달걀을 요리하는 노파〉 등 서민들의 애환을 담은 모습도 작품으로 남겼는데(그림 7), 익고 있는 계란 프라이가 마치 실물처럼 생생해 보인다. 당시 그는 스승의 딸인 후안나 파체코와 혼인했던 시기로 가장 왕성한 창작의욕을 보이고 있을 때였다. 그런 점에서 그가 궁정화가로 발탁되지만 않았더

그림 7 벨라스케스, 달걀을 요리하는 노파, 1618년, 오일용 캔버스, 101×120cm 영국 에든버러, 스코틀랜드 국립미술관

라도 그런 뛰어난 걸작들을 수없이 남겼을 것으로 보여 아쉬움을 더한다. 하지만 유대인 신분으로 생존을 위해서는 어쩔 도리가 없었을 것이다. 참으로 안타까운 일이다.

　벨라스케스는 19세라는 이른 나이에 스승의 딸이었던 후아나 파체코와 혼인해 두 딸을 얻었지만, 차녀 이그나시아는 어려서 죽었으며, 화가와 결혼한 장녀 프란시스카도 아버지보다 먼저 죽었다. 벨라스케스는 프랑스 국왕 루이 14세의 결혼식 행사를 위한 가설무대 장치의 미술감독으로 초청받아 임무를 마치고 마드리드로 돌아온 직후 열병에 걸려 세상을 떴는데, 아내 후아나도 혼자 남기가 싫었던지 불과 4일 만에 남편의 뒤를 따라 숨을 거두면서 남편 곁에 나란히 묻혔다.

렘브란트

바로크 시대의 네덜란드 화가 렘브란트Rembrandt Harmenszoon van Rijn, 1606-1669는 서양미술사에서 가장 위대한 화가 중의 한 사람으로 손꼽히는 인물로, 특히 빛을 다루는 솜씨가 뛰어나 빛의 화가로도 불린다. 그는 300점에 달하는 동판화를 포함해 도합 2,000점에 달하는 수많은 작품을 남긴 다작가로, 비록 가난하고 불행한 말년을 보냈지만 돈독한 신앙심을 바탕으로 다양한 소재의 걸작들을 남긴 보기 드문 거장이었다.

그림 1 렘브란트, 어머니의 초상, 1630년, 오일용 캔버스, 35×29cm, 개인 소장

렘브란트는 네덜란드의 라이덴에서 방앗간 주인의 아홉째 아들로 태어났는데, 개신교도인 아버지와 가톨릭 신자인 어머니 밑에서 자라며 독실한 신앙심을 지니게 되었으며, 그의 종교적 믿음은 평생 동안 지속된 작품 세계에 큰 밑거름이 되었다. 그는 특히 신앙심이 깊은 어머니의 모습을 화폭에 담기도 했는데, 자애롭고 너그러운 표정이 매우 인상적이다(그림 1). 그는 수시로 가까운 유대인 지역을 찾아 자신의 성화 소재 및 모델을 구했지만, 말년에 이르러 빈털터리가 된 후에는 아예 유대인

지구에 들어가 살았다.

　20대 중반에 그린 〈툴프 박사의 해부학 강의〉(이 책 64쪽)는 17세기 의학의 일면을 엿보게 해 주는 보기 드문 걸작으로 그에게 초상화가로서의 명성을 드높여 준 작품이지만, 30대 중반에 발표한 〈야경〉이 세간의 혹평을 듣게 되면서부터 점차 그의 명성이 퇴조하기 시작했다. 더욱이 같은 해에 결핵을 앓던 아내 사스키아가 아들 티투스를 낳은 직후 세상을 뜨게 되자 더욱 의기소침해진 렘브란트는 결국 파산 선고까지 받고 날이 갈수록 궁핍해져 나중에는 끼니를 거를 정도로 극심한 생활고에 허덕여야 했다.

　28세 때 시장의 딸 사스키아와 결혼한 그는 비록 경제적 어려움은 없었으나 이듬해 첫아들을 낳자마자 잃었으며, 3년 뒤에는 딸까지 출생 직후 죽는 아픔을 겪어야 했다. 하지만 시련은 그것으로 끝나지 않았다. 그 후 2년이 지나 둘째딸 역시 출생 직후 죽었으며, 얼마 가지 않아 결핵을 앓던 아내 사스키아마저 아들 티투스를 낳고 죽었다. 당시 아내가 병석에 눕게 되자 아들 티투스를 돌봐 줄 보모로 기르체 디르크스를 고용한 그는 아내가 죽은 후 그녀와 연인 사이가 되었지만, 그 후 두고두고 그녀 때문에 법정 소송과 생활비 지급 문제로 골머리를 앓아야 했으며, 아들 티투스도 20대 나이로 아버지보다 먼저 죽었다.

　이처럼 온갖 시련을 겪은 렘브란트는 부부가 함께 등장하는 자화상 〈선술집의 돌아온 탕자〉를 그렸는데, 첫아들을 잃고 난 후의 작품이면서도 군인 차림

그림 2 렘브란트, 선술집의 돌아온 탕자, 1637년, 오일용 캔버스, 161×131cm, 독일 드레스덴, 젬퍼 미술관

으로 술잔을 들어 건배하고 있는 그의 모습은 어찌 보면 아무 생각 없이 사는 낙천가처럼 보이기도 한다(그림 2). 뒤돌아보고 있는 아내 사스키아의 표정도 몹시 흐뭇한 표정이다. 하지만 제목에서 보듯이 자신을 돌아온 탕자에 비유한 것은 평소 자유분방하게 살았던 그가 결혼을 통해 비로소 안정적인 삶을 누리게 된 사실을 성경 말씀에 빗댄 것으로 볼 수 있는데, 그런 비유는 모든 것을 잃고 체념에 빠진 노년에 이르러 완성한 걸작 〈돌아온 탕자〉에 다시 등장하고 있다(그림 3). 30대와 60대에 그린 돌아온 탕자의 모습이지만, 그 분위기가 완전히 다름을 알 수 있다. 그런 점에서 죽기 직전에 그린 〈돌아온 탕자〉야말로 진정 자신의 삶에 대한 후회와 뉘우침이 온 화면에 절절이 느껴진다.

그림 3 렘브란트, 돌아온 탕자, 1668년, 오일용 캔버스, 262×205cm, 러시아 상트페테르부르크, 예르미타시 미술관

비록 그는 말년에 이르기까지 가난과 외로움 속에서 쓸쓸한 여생을 보내다 세상을 떴지만, 그럼에도 인간에 대한 애정과 신뢰

를 잃지 않고 끊임없이 작품을 그렸는데, 〈목욕하는
여인〉, 〈밧세바〉, 〈늙은 여인〉, 〈돌아온 탕자〉, 〈세 개
의 십자가〉 등이 말년에 그린 걸작들이다. 렘브란트는
종교화를 그릴 때조차도 단순히 외형적인 모습을 묘
사하는 데 그치지 않고 등장인물들의 심리를 드러내
는 데 중점을 두었으며, 그의 이런 특징은 그 후 유럽
회화에 지대한 영향을 준 것으로 평가된다.

렘브란트는 특히 많은 자화상을 남긴 것으로 유명한
데, 20대 초반에 그린 그의 자화상(그림 4)을 보고 크게
감동한 괴테는 젊은 시절 한때 꿈을 잃고 우울과 방황
으로 크게 흔들렸던 자신의 과거를 상기하고 걸작소설

그림 4 렘브란트, 레이스 깃의 자화상, 1629년, 오일용 캔버스, 38×29cm, 헤이그, 모리츠휘스 미술관

《젊은 베르테르의 슬픔》을 썼다고 전해지기도 한다. 어쨌든 렘브란트는 자신의
자화상에 드러난 다양한 표정에서도 엿볼 수 있듯이 내면적 심리 묘사에 특히 뛰
어나 성서를 주제로 한 종교화에서도 등장인물의 내면상태를 드러내는 데 탁월
함을 보였다.

그림 5 렘브란트, 자화상, 1629년, 나무판에 유채, 15.5×12.5cm, 독일 뮌헨, 알테 피나코테크

젊은 시절에 그린 자화상에서 볼 수 있는 렘브란트
의 표정은 실로 다양하기 그지없는데, 익살맞게 웃는
모습이 있는가 하면, 어리둥절한 표정(그림 5)도 있고,

입술을 오므린 채 놀란 토끼눈으로 바라보는 모습(그림 6), 흡족한 표정으로 미소 짓는 모습(그림 7), 찌푸린 얼굴(그림 8), 다소 멍청한 표정(그림 9, 10), 어이없고 씁쓸한 표정(그림 11), 평온하고 의젓한 모습 등 실로 각양각색이다. 심지어는 제왕의 차림으로 검을 들고 있는 근엄한 표정까지 보여 준다. 시종일관 음울한 표정을 짓고 있는 노르웨이 화가 뭉크의 자화상과는 매우 대조적인 모습이 아닐 수 없다.

그림 6 렘브란트, 놀란 자화상, 1630년, 판화, 51×46cm, 암스테르담, 국립미술관

그림 7 렘브란트, 웃는 자화상, 1628년, 오일용 캔버스, 22.2×17.1cm, 미국 LA 게티 박물관

그림 8 렘브란트, 자화상, 1630년, 오일용 캔버스, 15×12.2cm, 스톡홀름, 국립미술관

그림 9 렘브란트, 자화상, 1628년, 오일용 캔버스, 23×19cm, 암스테르담, 국립미술관

그림 10 렘브란트, 자화상, 1630–1635년, 나무판에 유채, 22×17cm, 뉴욕, 메트로폴리탄 미술관

그림 11 렘브란트, 자화상, 1629년, 오일용 캔버스, 44×34cm, 미국 인디애나폴리스 미술관

이처럼 다양한 감정 표현을 드러낸 청년시절
이 지나고 결혼과 더불어 아들과 두 딸을 연이
어 잃게 된 렘브란트는 점차 그 표정의 다양성
을 잃어가는 모습을 읽을 수 있다. 더욱이 아내
의 건강까지 여의치 않게 되면서 그의 얼굴에
수심의 그림자가 드리워지고 있음을 알 수 있
다. 30대 중반의 자화상이 그런 렘브란트의 착
잡한 심경을 대변해주는 듯이 보인다(그림 12).

그림 12 렘브란트, 자화상, 1640년, 오일용 캔버스, 62.5×50cm, 미국
캘리포니아 파사데나, 노턴 사이먼 미술관

하지만 아내가 죽은 후 어린 아들 티투스의
양육을 맡겼던 보모 그리체와 수년간 연인 관
계를 유지했던 렘브란트는 한때 자신의 가정부였던 헨드리케 스토펠스와 새로
운 연인 사이가 되면서 그리체와 불화를 일으키게 되었는데, 헨드리케는
1654년 렘브란트의 사생아 딸 코르넬리아를 낳기도 했다. 하지만 그런 복잡한
관계로 인해 그는 점차 패가망신의 길로 접어들고 말았다.

다른 무엇보다도 그에게 앙심을 품은 그리체가 헤어지는 대가로 돈을 요구
하기 시작했으며, 그녀의 욕심은 날이 갈수록 커져만 갔다. 막무가내인 그녀에
게 질질 끌려 다니며 시달리던 렘브란트는 급기야 그녀가 제기한 법정 소송 문
제에 휘말리기까지 했다. 하지만 그 후에도 계속되는 그녀의 공갈 협박에 견디

다 못한 그는 결국 당국에 호소해 그녀를 정신요양원에 감금하도록 요청했으며, 수년간 갇혀 지내다 간신히 풀려난 그녀는 자신에게 가해진 격리조치의 부당함을 계속 호소하며 렘브란트에 대해 온갖 중상모략을 퍼뜨리고 다니다가 1656년 갑자기 숨을 거뒀다.

이처럼 혼자 힘으로 감당하기 어려운 시련을 겪은 렘브란트가 완전히 파산하면서 빈털터리가 된 50대에 그린 자화상에서는 매우 어둡고 침울하며 삶에 지친 기색이 역력하다. 눈가에 잔주름이 가득한 그의 시선 역시 가난과 외로움에 찌든 초췌한 모습이다. 온갖 풍상을 겪고 난 사람에게서나 느낄 수 있는 공허함이 그의 표정에 물씬 묻어난다(그림 13). 거추장스러울 정도로 큰 귀는 항상 덥수룩한 머리에 가려져 있고, 오동통한 동그란 얼굴에 유난히 돋보이는 주먹코는 그의 삶의 무게만큼이나 무거워 보이는데, 어찌 보면 매우 애처롭기까지 하다.

그림 13 렘브란트, 작은 자화상, 1657년, 나무판에 유채, 49×41cm, 빈, 미술사박물관

하지만 삶의 밑바닥까지 내려간 극한적 상황에서도 렘브란트는 분노와 좌절을 보이지 않고 있다. 원래 귀가 여려 남의 말에 잘 넘어가는 데다 천성이 순하고 착했던 그는 삶의

최악을 맞이한 순간에도 다소 침울하긴 해도 자신의 불행을 남의 탓으로 돌리거나 누구를 원망하는 기색도 보이지 않는다. 그런 점에서 그의 53세 때 그린 자화상을 보면 약간 의기소침한 모습이긴 하나 매우 안정적인 자세에 눈빛도 살아 있음을 알 수 있다(그림 14).

그림 14 렘브란트, 자화상, 1659년, 오일용 캔버스, 85×66cm, 미국 워싱턴, 국립미술관

50대 중반에 렘브란트는 자신의 유일한 혈육인 아들 티투스의 초상화를 그렸

그림 15 렘브란트, 수도승 차림의 아들 티투스, 1660년, 오일용 캔버스, 79.5×67.5cm, 암스테르담, 국립 미술관

는데, 당시 18세였던 티투스는 수도승 차림의 모델로 나선 점이 매우 특이하다(그림 15). 물론 그것은 아버지 렘브란트의 요구에 따른 것이겠지만, 스스로를 돌아온 탕자에 빗대며 자신의 삶에 회의를 느낀 아버지가 자신의 아들만큼은 세속적 욕망에 물들지 않은 순수한 청년으로 자라주기를 바라는 심정에서 그랬는지도 모른다. 하지만 그 아들은 결혼한 지 얼마 되지 않아 26세라는 젊은 나이로 세상을

떠나고 말았으니 홀로 남은 늙은 아버지의 심경이 어떠했을지 짐작이 가고도 남는다.

그림 16 렘브란트, 자화상, 1661년, 오일용 캔버스, 114×94cm, 런던, 켄우드 하우스

다른 무엇보다 렘브란트의 마음을 아프게 한 것은 세상의 무관심이었다. 누구도 예전처럼 그를 대접해 주지 않았으며, 비록 그는 죽을 때까지 쉬지 않고 작품을 그렸으나, 아무도 그의 작품을 거들떠보지도 않았을 뿐만 아니라 그의 어려운 처지를 돕고자 나서는 후견인도 없었다.

그림 17 렘브란트, 자화상, 1661년, 오일용 캔버스, 93,2×79,1cm, 암스테르담, 국립미술관

그런 소외감과 외로움 때문에 유독 자화상을 많이 그렸던 것으로 보이는데, 거울에 비친 자신의 초라한 모습을 바라보는 그의 심경이 어떠했을지는 50대 중반에 그린 많은 자화상을 통해서도 엿볼 수 있다(그림 16~18). 자신에게 무관심한 세상처럼 아무런 표정 변화가 없는 그의 얼굴 또한 매우 썰렁한 분위기를 풍기고 있으며, 기력도 다소 떨어져 보인다.

그림 18 렘브란트, 이젤 앞의 자화상, 1661년, 오일용 캔버스, 111×90cm, 파리, 루브르 박물관

삶의 고통이 가장 극심했던 50대가 지나고 죽음이 임박한 60대 초에 그린 자화상에서는 오히려 모든 것을 초탈한 듯이 보이는 평온한 모습이다. 젊은 시절 보였던 해맑고 천진스러운 표정이 되살아난 듯한 그의 얼굴은 비록 백발이 성성하지만 그래도 여전히 통통한 모습에 유달리 큰 주먹코를 한 모습이다. 게다가 입가에는 살짝 미소까지 머금고 있다. 다소곳이 마주 잡은 손은 자신에게 주어진 시련에도 불구하고 항상 겸손의 미덕을 잃지 않은 그의 삶에 대한 태도를 보여 준다(그림 19). 그래서 구부정한 자세로 거울에 비친 자신의 모습을 바라보며 웃음을 짓는가 하면(그림 20), 쓰디쓴 미소를 띠기도 한다(그림 21). 더 이상 잃을 것이 없는 자의 기묘한 안정감이 오히려 보는 이의 마음을 아프게 한다.

그림 19 렘브란트, 자화상, 1669년, 오일용 캔버스, 86×70.5cm, 런던 국립미술관

그림 20 렘브란트, 자화상, 1668-1669년, 오일용 캔버스, 82.5×65cm, 쾰른, 발라프-리하르츠 미술관

그림 21 렘브란트, 자화상, 1669년, 오일용 캔버스, 63.5×57.8cm, 헤이그, 마우리츠하이스 미술관

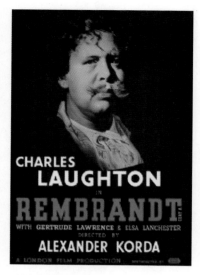

1936년 영화 〈렘브란트〉

알렉산더 코다 감독의 1936년도 영국영화 〈렘브란트〉에서 명우 찰스 로튼이 연기한 렘브란트는 매우 익살맞고 유쾌한 낙천가로 묘사되어 있는데, 실제로 찰스 로튼의 외모는 렘브란트와 놀라울 정도로 닮았다. 하지만 렘브란트의 삶 자체는 개인적으로 감당하기 어려운 불행과 시련의 연속이었을 뿐이다. 그는 29세부터 36세에 이르기까지 7년 동안에 어린 아들과 두 딸, 그리고 아내를 모두 잃었으며, 게다가 그 후 동거녀로부터도 혼인빙자 사기혐의로 고소를 당해 계속해서 생활비를 대 줘야 하는 등 숱한 어려움을 겪어야 했다.

결국 나이 50세에 이르러 법정 파산선고를 피하기 위해 자신의 집과 개인 소장품을 모두 팔아치움으로써 빈털터리로 전락한 끝에 죽을 때까지 가난에 허덕이며 살아야 했던 렘브란트는 연인 헨드리케가 흑사병으로 죽은 데 이어 아들 티투스마저 20대 중반의 나이로 사망하게 되자 더 이상 삶을 지탱할 기력을 잃은 듯 그 이듬해에 아들의 뒤를 따라 63세를 일기로 기구한 삶에 종지부를 찍었다. 가족과 재산 모든 것을 잃고 무일푼 신세가 된 그는 장례식도 없이 빈민들을 위한 공동묘지에 묻혔다. 바로크 시대를 대표하는 거장의 최후치고는 너무도 초라하고도 쓸쓸한 최후였다. 아, 가엾은 렘브란트.

고야

한때 외설 시비를 불러일으킨 명화 〈마야〉를 그린 것으로 유명한 프란시스코 고야Francisco Goya, 1746–1828는 스페인의 궁정화가로 낭만주의를 대표하는 인물이지만 말년에 이르러서는 청력을 잃고 설상가상으로 부인까지 잃은 후 신경쇠약에 걸린 나머지 매우 어둡고도 기괴한 작품들을 많이 남겼다. 파격적이고도 대담한 그의 화풍은 마네와 피카소 등 후대의 화가들에게 지대한 영향을 끼친 것으로 알려졌다.

스페인의 아라곤 지방에서 가난한 도금업자의 아들로 태어난 고야는 어린 시절 외갓집에 얹혀 살다가 사라고사로 이사한 후 그곳에서 주로 성장했다. 어릴 때부터 미술에 재능을 보인 그는 마드리드에서 렘브란트와 벨라스케스의 작품에 크게 감동한 후 본격적으로 회화를 배우기 위해 두 차례에 걸쳐 왕립 미술 학교에 지원했으나 모두 거절당했다.

그 후 사라고사로 돌아가 필라 성모 대성당 소속의 화가로 활동한 고야는 함께 일하던 동료의 여동생 호세파와 결혼해 활기를 되찾고 의욕적인 작업을 펼침으로써 점차 그 실력을 인정받기 시작했다. 귀족들의 초상화로 명성을 얻은 고야는 국왕 카를로스 3세의 초상화를 그렸으며, 프랑스 대혁명이 일어난

1789년에 카를로스 4세가 즉위하자 스페인 왕실의 공식적인 궁정화가가 되어 수많은 왕족의 초상화를 그렸다.

하지만 40대 중반에 이르러 원인불명의 질병으로 청력을 상실한 고야는 크게 상심한 나머지 우울증에 빠졌으며, 나폴레옹 군대가 몰락한 1812년에는 사랑하는 아내 호세파마저 세상을 뜨게 되자 모든 의욕을 잃고 궁정화가의 일도 그만둔 채 세상과의 접촉을 일체 끊게 되었다. 그렇게 은둔생활로 접어든 고야는 그때부터 매우 기괴한 그림들을 그리기 시작했는데, 〈아들을 삼키는 사투르누스〉는 그 대표적인 예라 하겠다(그림 1). 건강이 점차 악화되자 프랑스 남부 보르도로 이주해 살다가 그곳에서 82세의 나이로 눈을 감았다.

그림 1 고야, 아들을 삼키는 사투르누스, 1823년, 오일용 캔버스, 146×83cm, 마드리드, 프라도 미술관

고야의 작품은 청력을 상실한 시기를 분기점으로 큰 변화를 보이고 있는데, 그 이전에는 밝고 화려함이 특징이었던 반면에, 후기로 갈수록 몹시 우울하고 염세적인 성향이 두드러져 보인다. 그나마 50대 중반에 그린 두 개의 작품 〈옷 벗은 마야〉와 〈옷 입은 마야〉는 당대 최고의 매력적인 그림으로 꼽히지만 이들 작품은 곧 신성모독과 외설로 간주되어 스페인 종교재판에 회부된 끝에

그림 2 고야, 옷 벗은 마야, 1800년, 오일용 캔버스, 97×190cm, 마드리드, 프라도 미술관

당국에 몰수되는 수모를 겪어야 했다(그림 2).

　다행히 고야는 이단 심문만큼은 간신히 모면할 수 있었다. 고야는 누드에 옷을 입히라는 당국의 명령에 불응하고 옷을 걸친 마야를 새로 다시 그릴 정도로 오기가 대단한 고집쟁이였다(그림 3). 마야 그림의 모델은 비록 그 신원이 밝혀지지 않았지만, 한때 그와 관계를 맺었던 알바 공작부인이라는 설이 가장 유력하다.

그림 3 고야, 옷 입은 마야, 1803년, 오일용 캔버스, 97×190cm, 마드리드, 프라도 미술관

20대 후반에 그린 자화상에서 고야는 통통한 얼굴에 장발을 한 모습인데, 그의 표정이나 자세는 매우 도도하고 야무지며 야심으로 가득 차 있음을 보여 준다(그림 4). 특히 정면을 뚫어질 듯이 바라보는 시선이 그의 반항적인 기질을 여실히 드러내 보여 주고 있는데, 이에 반해서 청력을 완전히 상실한 후 우울증에 시달리던 50대 초반에 그린 자화상에서는 굳게 다문 입술과 치켜 올린 눈썹을 통해 침울하고 몹시 화난 듯한 모습을 보여 주고 있어서 묘한 대조를 이룬다(그림 5). 매우 험악해 보이기까지 하는 그의 표정은 그 후 다소 풀어진 모습이긴 하나 전체적으로 굳어 있는 자세는 그대로이며, 여전히 자신의 최대 약점인 귀를 긴 머리와 구레나룻으로 가리고 있음을 알 수 있다(그림 6).

그림 4 고야, 자화상, 1773년, 오일용 캔버스, 58×44cm, 개인 소장

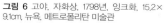
그림 6 고야, 자화상, 1798년, 잉크화, 15.2×9.1cm, 뉴욕, 메트로폴리탄 미술관

그림 5 고야, 자화상, 1796년, 오일용 캔버스, 18.2×12.2cm, 마드리드, 프라도 미술관

69세 때 그린 자화상은 이미 청력을 상실한 지 오래인 그가 은둔상태에서 기괴한 그림을 그리고 있을 때였지만, 의외로 담담한 표정을 짓고 있음을 알 수 있다(그림 7). 오히려 야릇한 미소까지 머금고 있다. 사랑하는 아내를 잃고 난 후의 모습임에도 표정은 그렇게 어두워만 보이지 않는다. 모든 것을 체념했기 때문일까. 그것은 고야가 죽기 2년 전에 그의 후계자인 포르타냐가 그린 고야의 초상화에서도 마찬가지다. 80대에 접어든 매우 근엄한 표정의 고야가 정장 차림으로 붓을 들고 앉아 있는 모

그림 7 고야, 자화상, 1815년, 오일용 캔버스, 51×46cm, 마드리드, 산 페르난도 왕립 아카데미 미술관

습을 볼 수 있는데, 당시 그가 그렸던 검은 그림들의 분위기와는 달리 오히려 차분한 모습이며, 생각처럼 그렇게 고통스러워 보이지도 않는다(그림 8).

그림 8 빈센트 로페즈 포르타냐, 고야의 초상, 1826년, 오일용 캔버스, 93×75cm, 마드리드, 프라도 미술관

74세 무렵인 1820년에 고야가 그린 〈닥터 아리에타와 함께 있는 자화상〉은 몸을 가누지 못할 정도로 기력이

떨어진 고야에게 주치의 아리에타가 억지로 약을 먹이려 애쓰는 모습을 보여 주는데, 그림 하단에는 자신을 돌봐 준 주치의에 대한 감사의 말을 적어놓고 있다. 당시 그는 생애 두 번째로 중환 상태에 빠져 사경을 헤매게 되었는데, 고야 자신은 더 이상 살 의욕을 잃었지만 주치의 아리에타의 극진한 보살핌으로 그나마 생명을 연장할 수 있었다(그림 9). 감탄할 만한 점은 그토록 심각한 상황에서도 어떻게 그런 자신의 모습을 스스로 화폭에 담을 생각을 할 수 있었을까 하는 점이다. 정말 대단한 집념이 아닐 수 없다.

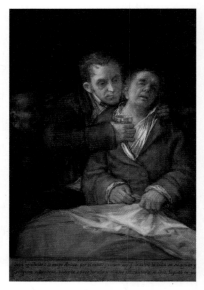

그림 9 고야, 닥터 아리에타와 함께 있는 자화상, 1820년, 오일용 캔버스, 117×79cm, 미국 미네소타, 미니애폴리스 미술관

고야는 이미 40대 중반에 이유를 알 수 없는 질병의 후유증으로 극심한 이명과 현기증, 복통, 의식혼미, 청력과 시력 약화 등의 증상에 시달렸는데, 오늘날의 관점에서 보자면, 매독이나 납중독 또는 급성 뇌염 증세의 일부로 보이기도 한다. 가까스로 회복은 되었지만 청력만큼은 그 이후로 완전히 상실하고 말았다.

밀로스 포만 감독의 2006년 스페인 영화 〈고야의 유령〉은 제목이 가리키는 것처럼 고야를 주인공으로 내세운 것은 아니지만 가톨릭 성직사회가 저지른 마녀사냥 식의 종교적 비행을 옆에서 목격한 화가 고야를 증인으로 내세워 고발하는 형식을 취하고 있다. 하지만 그 시기는 이미 청력을 잃은 고야가 아내마저 잃고 크게 상심에 빠져 있던 때로 영화에서 묘사한 것처럼 한 가련한 여성의 뒤나 좇으며 동정심

그림 10 고야, 수프를 먹는 두 노인, 1823년, 유화, 49.3×83.4cm, 마드리드, 프라도 미술관

을 느낄 입장은 아니었던 것으로 보인다.

　말년에 이르러 고야는 정신적으로나 육체적으로 몹시 지친 상태에서 마녀와 해골 등 매우 엽기적이고도 그로테스크한 광기로 가득 찬 일련의 작품들을 그렸는데(그림 10), 당시에 그린 소위 '블랙 페인팅black paintings'으로 불리는 일련의 작품들은 본인 스스로 느끼기에도 몹시 껄끄러웠던 모양인지 그의 생존 시에는 일체 공개하지 않았으며, 고야가 사망한 이후에도 오랜 기간 방치된 상태로 있었다.

르브룅

그림 1 르브룅, 마리 앙투아네트 초상, 1785년, 오일 용 캔버스, 93.3×74.8cm, 개인 소장

엘리자베스 루이즈 비제 르브룅Élisabeth Louise Vigée Le Brun, 1755–1842은 18세기에 활동한 프랑스의 여류화 가로 로코코 화풍에 기초한 많은 초상화를 남겼는 데, 특히 마리 앙투아네트 왕비의 전담 초상화가로 활동해 프랑스 대혁명 시기에는 왕족들에 충성한 반역자로 취급되어 해외로 망 명할 수밖에 없었으며, 그래서 부득이 러시아로 건너가 왕족들의 초상화를 그려 주며 활동하다가 말년에 이르러 간신히 복권되어 파리로 돌아올 수 있었다.

파리에서 초상화가의 딸로 태어난 그녀는 아버지에게서 일찍부터 그림을 배 웠지만, 12세 무렵 아버지를 잃은 후 부유한 보석상과 재혼한 어머니와 함께 지 냈다. 소녀시절부터 전문적으로 초상화를 그리기 시작한 그녀는 20세 때 화상 인 장 르브룅과 혼인했는데, 당시 많은 귀족의 초상화를 그려 이름이 알려지기 시작하면서 왕궁에도 초대되어 마리 앙투아네트 왕비의 총애를 받았으며, 왕비 를 비롯한 왕족들의 초상화를 계속해서 그려 주었다. 특히 그녀는 왕비의 전담 화가로 많은 초상화를 남겼는데, 당시 왕비의 사치가 어느 정도였는지 짐작케 해 주는 모습이다(그림 1).

그녀는 28세 때 프랑스 왕립 아카데미 회원이 되었
는데, 당시 여성의 몸으로는 매우 이례적인 일인 데다
남편이 화상이었기 때문에 더욱 가입할 수 없는 입장
이었지만, 앙투아네트 왕비의 입김을 통해 규정을 위
반하면서까지 무리해 회원으로 가입하게 된 것으로,
이래저래 그녀를 바라보는 주위의 시선은 그리 고울
수가 없었다. 그럼에도 워낙 온순하고 내성적인 성격
의 소유자였던 그녀는 매우 조심스러운 처신으로 몸을
사리고 지냈으며, 여간해서 자신의 존재를 내세우는
법이 없었다.

이처럼 마리 앙투아네트 왕비의 총애와 비호 아래
승승장구한 그녀는 비록 주위로부터 온갖 질시의 대
상이 되었지만, 20대 후반에 그린 자화상에서 보듯이
매우 아름다운 용모에 단아한 모습을 지닌 화가였음
을 알 수 있다(그림 2, 3). 양처럼 온순하고 착하기 이를
데 없는 여성이었으니 왕비의 총애를 받을 수밖에 없
었겠지만, 물론 그것만이 전부는 아니었을 것이다. 그
녀의 자화상을 통해서도 알 수 있듯이 탁월한 색채 감
각과 안정적인 구도, 한없이 부드러운 붓 터치는 타의
추종을 불허하는 솜씨라 할 수 있으며, 특히 섬세하고
도 정교한 표정 묘사가 단연 돋보인다고 하겠다.

그림 2 르브룅, 밀짚모자를 쓴 자화상, 1782년, 오일용 캔
버스, 97.8×70.5cm, 런던 국립 미술관

그림 3 르브룅, 자화상, 1781년 오일용 캔버스, 64.8×
54cm, 미국 텍사스 포트워스, 캠벨 미술관

그림 4 신윤복, 미인도, 18세기, 비단 채색, 114×45.5cm, 간송미술관 소장

이처럼 뛰어난 인물 묘사는 그녀와 동시대에 활동한 우리나라의 천재화가 신윤복申潤福, 1758-?이 그린 미인도와 비교해 볼 때 현저한 대조를 이루고 있다(그림 4). 비록 동서양 화풍의 차이를 고려한다 할지라도 인물 묘사에 있어서는 르브룅을 따라잡기 어렵다는 점을 인정할 수밖에 없을 것이다. 물론 동양화의 특징이 인물보다 자연에 중점을 두고 있다는 사실을 모르는 바 아니나, 동양화의 가장 큰 약점은 물감을 사용하지 않고 수묵으로만 묘사하려 했다는 점에서 풍부한 표현력에 한계를 지닐 수밖에 없었다고 본다.

어쨌든 르브룅의 자화상을 보면 그녀가 얼마나 뛰어난 미모의 소유자인지 알 수 있는데, 30대 초반에 그린 자신의 딸을 안고 있는 자화상(그림 5)이나 30대 중반에 그린 자화상(그림 6, 7)에서도 여전히 소녀처럼 앳된 모습을 보여주고 있어서 한 아이의 엄마라고는 도저히 믿어지지 않을 정도다. 더구나 그녀의 표정에서는 어두운 기색을 찾아보기 힘들다는 것이 특징이기도 하지만, 그녀의 성격 자체가 매우 조용하고 인내심도 강한 편이어서 힘겨운 기색을 좀처럼 드러내지 않았기 쉽다.

그림 5 르브룅, 딸과 함께 있는 자화상, 1786년, 오일용 캔버스, 105×84cm, 파리, 루브르 박물관

그림 6 르브룅, 자화상, 1789년, 파스텔화, 49,8× 63,8cm, 개인 소장

그림 7 르브룅, 자화상, 1790년, 오일용 캔버스, 100 ×81cm, 피렌체, 우피치 미술관

그림 8 르브룅, 1800년, 오일용 캔버스, 109.2×91cm, 러시아 상트 페테르부르크, 예르미타시 미술관

그리고 이 무렵이야말로 그녀의 삶에 있어서 가장 행복하고 최전성기를 구가하던 때였지만, 1789년 프랑스 혁명이 일어나고 루이 16세와 앙투아네트 왕비가 혁명군에 체포당하면서 르브룅의 전성기도 종말을 고하고 말았다. 당시 반혁명분자로 몰린 그녀는 딸 줄리를 데리고 황망히 망명길에 올랐으며, 남편과도 헤어지고 말았다. 앙투아네트 왕비가 단두대의 이슬로 사라진 이후 그린 그녀의 자화상(그림 8)을 보면 그런 시대적 상황을 반영이라도 하듯 다소 어둡고 의기소침한 모습으로 예전의 화사하고 해맑은 표정을 읽을 수가 없다.

프랑스 혁명이 일어나자 신변의 위협을 느낀 르브룅은 딸과 함께 파리를 떠나 수년간 이탈리아, 오스트리아, 러시아 등지를 전전하며 지냈는데, 특히 러시아에서는 많은 귀족의 초상화를 그려 환영을 받았다. 하지만 예카테리나 여제는 그녀가 그린 손녀딸 엘레나와 알렉산드라의 초상화를 마음에 들어 하지 않았는데, 속살이 비치는 짧은 소매가 너무 경박하다는 이유에서였다. 여제의 비위를 맞추기 위해 그녀는 손질을 다시 해 소매를 길게 고침으로써 여제의 마음

들라크루아

19세기 낭만주의를 대표하는 프랑스 화가 들라크루아 Eugène Delacroix, 1798-1863는 단순한 자연 묘사에 그치지 않고 문학과 역사, 신화적 소재에 바탕을 둔 인물 묘사에 특히 뛰어났는데, 셰익스피어, 월터 스코트, 괴테 등의 문학 작품과 그리스 신화에서 많은 소재를 얻었다. 따라서 동 시대에 활동한 앵그르나 다비드가 고전적인 회화 전통의 계승을 고수한 것과는 달리 들라크루아는 문학적 상상력을 동원한 허구적인 세계, 이국적인 풍토, 폭력과 광기의 세계에 더욱 매료되었다.

들라크루아는 파리 근교에 위치한 생 모리스에서 외교관의 아들로 태어났지만, 그에게는 출생의 비밀이 있었다. 그를 임신했을 당시 그의 아버지는 불임상태였기 때문이다. 따라서 그의 생부는 왕정 복고파이면서 영국 주재 프랑스 대사를 지낸 탈레랑으로 알려져 있다. 실제로 들라크루아의 외모는 탈레랑과 매우 닮았으며, 화가로 경력을 쌓는 내내 탈레랑의 전폭적인 지원을 받았다.

한마디로 들라크루아는 불륜을 통해 나온 사생아였던 셈인데, 7세 때 아버지를 잃고 9년 뒤에는 어머니마저 여의는 바람에 16세 어린 나이로 졸지에 고아가 되고 말았다. 하지만 그 후 탈레랑이 후견인이 되어 화가로 성장하는 데 큰 힘이 되어 주었는데, 탈레랑의 손자이자 나폴레옹 3세의 이복형제인 샤를르 드 모르니 역시 들라크루아가 곤경에 처했을 때 적절한 방패막이 노릇을 해 주기도 했다.

이처럼 떳떳치 못한 출생배경을 등에 업고 고아로 외롭게 성장한 그는 일생 동안 어둡고 염세적인 태도를 계속 유지했으며, 그런 분위기는 20대 초반에 그린 자화상을 통해서도 엿볼 수 있다(그림 1). 마치 셰익스피어의 연극 〈햄릿〉을 연상시키는 듯한 복장 차림으로 서 있는 들라크루아 자신의 모습은 햄릿의 비극적인 상황과 우울한 성향을 자신과 동일시하고 있음을 알 수 있다.

그림 1 들라크루아, 자화상, 1821년, 오일용 캔버스, 41×32cm, 파리, 들라크루아 미술관

실제로 햄릿처럼 매우 염세적인 태도를 일생 동안 유지한 들라크루아는 우울과 냉소 속에 애정관계를 기피하고 스스로 고립된 삶을 원했는데, 그 자신뿐만 아니라 그가 남긴 모든 작품에서도 행복이나 즐거움과는 거리가 먼 매우 어둡고 침울한 분위기로 일관하고 있으며, 행복하게 웃는 사람의

모습도 거의 보이지 않는다. 30대 초반의 자화
상에서도 보듯이 그에게는 냉소적인 시선만이
느껴질 뿐이다(그림 2).

40세 전후의 중년 나이에 그린 자화상에 드
러난 모습은 우울한 기분을 감추고 오히려 자신
만만하면서도 다소 냉소적인 시선을 던지고 있
는데, 잘생긴 미남형의 들라크루아가 헝클어진
머리와 콧수염을 기른 모습으로 멋진 코트를 걸
치고 도도한 표정을 짓고 서 있다. 얼핏 보기에

그림 2 들라크루아, 모자 쓴 자화상, 1832년, 연필화, 19.3×12.7cm,
파리, 루브르 박물관

는 매우 반항적이며 일종의 영웅주의에 사로잡힌 나르시시즘적 인물처럼 보이
기도 한다(그림 3, 4). 그럼에도 자신을 응시하는 그의 시선은 매우 차갑고 공허해
보이기도 한다.

그림 3 들라크루아, 자화상, 1837년, 오일용
캔버스, 65×54.5cm, 파리, 루브르 박물관

그림 4 들라크루아, 자화상, 1840년, 오일용 캔버스, 66×
54cm, 피렌체, 우피치 미술관

하지만 겉으로 드러난 다소 건방지고 오만해 보이는 모습은 오히려 내면에 감춰진 우울과 원망감, 열등감에 대한 반동형성^{reaction formation}이기 쉽다. 반동형성이란 정신분석에서 말하는 자아 방어기제의 하나로 내면에 억압된 태도와 상반된 모습이 겉으로 드러난 경우를 말한다. 예를 들면, 동물보호운동에 앞장 선 사람이 자신의 내면에는 동물학대 욕구를 억압하고 있을 수도 있다. 물론 모든 사람이 다 그렇다는 뜻은 아니다.

더욱이 들라크루아의 실제 모습은 매우 복잡한 성격의 소유자였다고 볼 수 있다. 낭만적 열정에 사로잡히면서도 다른 한편으로는 회의주의적이며, 외모나 옷치장에 신경 쓰는 멋쟁이면서도 권력지향적인 야망과 빈틈없는 용의주도함을 보인 인물이기 때문이다. 그런 점에서 그는 상호 모순된 특성을 골고루 지닌 인물로 단순히 어느 한 가지 성격의 유형으로 구분하기 어려운 인물임에 틀림없지만, 자아도취적인 특성만큼은 분명히 드러난다고 할 수 있다.

초창기 데뷔 시절에 보인 다소 신경질적이면서도 세상을 조롱하는 듯이 보이는 모습에 비하면 그래도 상당히 부드러워진 인상을 풍기지만, 시인 바이런의 열정을 흠모했던 낭만주의자로서는 의외로 매우 냉철한 면모를 과시한 셈인데, 그는 섣부른 감상주의나 과장법을 자제하면서도 매우 이국적인 취향의 열정에 바탕을 둔 강렬한 메시지를 관객들에게 전달한다.

그의 대표적인 걸작 〈민중을 이끄는 자유의 여신〉을 보면 그런 특징을 엿볼 수 있다. 과감하게 드러낸 풍만한 젖가슴의 여인이 한손에는 총을 들고 다른 손에는 삼색기를 높이 치켜들고 자신을 따르는 시민군을 독려하며 이끄는 모습인데, 그녀의 곁에는 어린 소년이 피스톨을 손에 들고 선봉에 서서 앞으로 돌진하고 있다(그림 5).

많은 사람들은 이 소년의 모습에서 그 후 위고가 1862년에 발표한 소설《레미제라블》에 등장하는 어린 혁명군 소년 가브로슈의 모델로 삼았다고 여기기도 한다. 하지만 이 그림은 그 내용이 너무도 선동적이라는 이유로 당시 프랑스 정부에 의해 공개가 금지되고 말았으며, 이에 실망한 들라크루아는 북아프리카로 여행을 떠나 한동안 이국적인 풍물 묘사에 전념하기도 했다.

그림 5 들라크루아, 민중을 이끄는 자유의 여신, 1830년, 오일용 캔버스, 260×325cm, 파리, 루브르 박물관

그림 6 들라크루아, 파리, 쇼팽의 초상, 1838년, 오일용 캔버스, 45.7×37.5cm, 파리, 루브르 박물관

그림 7 들라크루아, 조르주 상드의 초상, 1838년, 오일용 캔버스, 79×57cm, 덴마크 코펜하겐, 오르드루프고르 미술관

자신만만한 그의 자화상에 비하면, 들라크루아가 그린 쇼팽의 초상화(그림 6)는 거의 울먹이는 듯한 표정을 짓고 있는 어두운 모습인 반면에, 쇼팽의 연인이기도 했던 조르주 상드의 초상화는 오히려 매우 육감적이고도 힘이 넘친 여성의 모습을 보여 준다(그림 7). 평생 독신을 고수한 들라크루아가 이들 연인에게 관심을 갖

고 초상화까지 그린 것은 매우 이례적인 일이라 할 수 있겠지만, 평소 결혼에 대해 회의적인 태도를 지녔던 그의 입장에서는 쇼팽과 상드의 결합도 결코 바람직한 모습으로 보이진 않았을 것이다. 하기야 이들의 초상을 그릴 당시만 해도 두 남녀는 이미 불화의 조짐을 보이고 있을 때였으니 결국 들라크루아로서는 자신의 신념이 옳다는 확신을 더욱 굳혔을 것으로 보인다.

그림 8 들라크루아, 묘지의 여인, 1824년, 오일용 캔버스, 65.5×54.3cm, 파리, 루브르 박물관

이와는 대조적으로 〈묘지의 여인〉에서는 예기치 못한 죽음 앞에서 허탈한 표정을 짓고 있는 여인의 모습을(그림 8), 그리고 〈미친 여인〉에서는 광기에 사로잡힌 한 여성의 모습을 묘사하고 있는데(그림 9), 이처럼 들라크루아는 인물의 내면적인 감정 상태를 묘사하는 데 있어서도 탁월한 재능을 발휘한 화가였다고 볼 수 있다.

그림 9 들라크루아, 미친 여인, 1822년, 오일용 캔버스, 41×33cm, 프랑스, 오를레앙 미술관

원래 허약한 체질이었던 들라크루아는 결혼하지 않고 독신으로 일관했는데, 물론 건강 탓도 있었겠지만 사생아 출신이라는 뿌리 깊은 열등감과 자기모멸감 때문에 결혼을 기피했을 가능성이 더 높다고 할 수 있다. 30대 중반부터 65세로 세상을 뜰 때까지 헌신적인 가정부 제니 르 귀유의 보살핌을 받으며 작품 활동을 계속한 그는 40대 중반 이후부터 체력이 급속히 떨어져 파리 근교의 오두막에 은둔해 살다 급성 폐렴으로 세상을 떠났다.

그는 무려 28년 동안이나 자신을 보살펴 준 가정부 귀유에게 많은 유산을 남기고 죽으면서 지시하기를, 데드마스크나 그림, 사진 등을 통해 자신의 그 어떤 모습도 취하지 말라고 요구했는데, 아무런 흔적도 남기고 싶지 않은 그의 마지막 소원이기도 하겠지만, 최후의 순간까지 자신의 초라한 모습을 보이고 싶지 않은 마지막 자존심의 발로이기도 했다.

밀레

프랑스 노르망디 지방의 작은 농촌마을 그뤼시에서 태어난 밀레Jean-François Millet, 1814-1875는 19세기 사실주의를 대표하는 걸작 〈만종〉, 〈이삭 줍는 여인들〉, 〈씨 뿌리는 사람〉, 〈빵 굽는 여인〉 등 주로 농부들의 삶을 다룬 작품들로 유명하지만, 정작 그 자신은 생전에 화단의 인정을 받지도 못하고 평생을 가난에 시달리며 살다가 지병인 폐결핵으로 세상을 떠나고 말았다.

가난한 농민의 아들인 밀레는 어려서부터 미술에 재능을 보여 19세 때 처음으로 셰르부르의 초상화가 폴 뒤무셸에게서 회화 지도를 받았으나 본격적인 수업은 파리에서 시작했다. 그 후 그의 첫 작품인 초상화가 파리에서 전시되기도 했지만, 주목을 받지는 못하고 무명화가로 활동하며 생활고에 계속 쪼들렸다. 1841년 폴린 – 비르지니 오노와 결혼했지만 가난은 여전했고, 2년 후에는 젊은 아내마저 폐결핵으로 잃고 말았다. 그녀의 모습을 담은 초상화를 보면 병색이 뚜렷함을 알 수 있다(그림 1).

그림 1 밀레, 폴린–비르지니 오노의 초상, 1844년, 오일용 캔버스, 100×80cm, 셰르부르, 토마–앙리 미술관

그 후 파리에서 계속 작품 전시를 거절당한 밀레는 어려운 생활 속에서도 카트린 르메르와 동거하며 아홉 자녀를 낳아 키웠는데, 밀레가 그린 카트린의 초상을 보면 매우 순박하고 선량한 인품의 여성이라는 인상을 준다(그림 2). 카트린은 하녀 출신의 보잘 것 없는 신분 때문에 시댁에서 거부당하는 설움을 겪어야 했으며, 밀레도 그런 이유 때문에 어머니가 사망할 때까지 자신의 고향을 찾지 않았다. 30년에 이르는 오랜 동거생활을 유지한 이들 부부는 1875년에 가서야 비로소 종교의식으로 뒤늦게 정식 결혼식을 치렀지만, 불과 보름 뒤에 밀레는 첫 아내처럼 폐결핵으로 숨지고 말았다.

그림 2 밀레, 카트린 르메르의 초상, 1848년, 연필화, 55×42cm, 미국, 보스턴 미술관

1863년, 밀레의 가족사진

밀레는 자화상을 거의 그리지 않았지만, 20대 후반에 그린 자화상에서는 몹시 불만에 가득 찬 표정을 짓고 있는데, 비록 갓 결혼한 시기였으나 화단의 인정을 받지도 못하고 생활고에 허덕이며 살던 시

그림 3 밀레, 자화상, 1841년, 오일용 캔버스, 63.5×47cm, 미국, 보스턴 미술관

기였으니 그럴 수밖에 없었을 것이다. 비록 정장 차림이긴 하나 정면을 쏘아보는 눈초리가 결코 예사롭지 않아 보인다(그림 3).

물론 분노에 가득 찬 듯이 보이는 그의 시선은 자신의 재능을 인정해 주지 않는 세상 전체에 대한 울분을 담고 있는 것이기도 하겠지만, 정작 그가 바라보고 있는 대상은 거울에 비친 자신의 모습이라는 점에서 매우 자조적인 자기혐오감의 표현일 수도 있다.

그런데 4년 후인 30대 초반에 그린 자화상을 보면 얼굴 전체를 뒤덮고 있는 수염과 어둡기 그지없는 시선, 그리고 매우 시큰둥한 표정이 마치 산에서 방금 내려온 수도승처럼 보이기도 하는데, 이처럼 몹시 초췌한 그의 모습을 통해 그가 얼마나 지독한 시련과 고통에 시달리며 지낸 시기였는지 짐작할 수 있게 해 준다. 당시만 해도 그는 화가로서 충분한 인정을 받지 못하고 있던 시점으로 일부 후원자의 도움을 받아 근근이 살아가던 때이기도 했지만, 첫 번째 아내를 잃은 지 얼

그림 4 밀레, 자화상, 1845년, 목탄화, 25×31cm, 파리, 루브르 박물관

마 되지도 않았던 시기였으니 당연히 그렇게 의기소침한 상태일 수밖에 없었을 것이다(그림 4).

바르비종 마을에 살면서 혼자 힘으로 열 명의 대식구를 먹여 살려야 했던 그로서는 일정한 수입이 없어 가난뿐 아니라 마음고생 역시 심했을 것으로 보이는데, 그래도 부부 금슬만큼은 매우 좋아서 서로를 의지하며 별다른 갈등 없이 평온한 삶을 보냈다. 다만 오랜 기간 세상의 인정을 받지 못한 것이 밀레에게는 가장 큰 상처가 되었기 쉽다. 그의 대표작 〈만종〉에서 다소곳이 기도를 드리고 있는 가난한 농사꾼 부부의 모습은 사실 따지고 보면 밀레 부부 자신의 모습을 투영한 것일 수도 있다(그림 5).

그의 대표작으로 꼽히는 〈이삭 줍는 여인들〉은 1857년에 그린 걸작으로 가난에 쪼들려 사는 농민들의 궁핍한 삶을 웅변적으로 화폭에 담아냄으로써 큰 감동을 선사하는 작품이다. 같은 해에 완성한 〈만종〉 역시 종교적인 경건함이 물씬 묻어나는 걸작으로 파리 경매에서 고가로 팔려 나간 작품이지만, 정작 밀레의 가족은 아무런 혜택도 받지 못하고 가난에 허덕이며 살아야 했다.

그림 5 밀레, 만종, 1857년, 오일용 캔버스, 55.5×66cm, 파리, 오르세 미술관

하지만 화가 달리는 〈만종〉에 대해 다른 해석을 내렸는데, 저 멀리 들판 건너 보이는 교회를 배경으로 두 손 모아 경건히 기도하고 있는 부부의 모습은 감자 수확을 신에게 감사하는 장면이 아니라 죽은 아기를 땅에 묻고 나서 드리는 애도의 기도라는 주장이었다. 그런데 실제로 그 후 이루어진 X선 분석 결과 나중에 덧칠한 그림 밑에 작은 관 비슷하게 생긴 물체가 그려져 있음이 발견되어 큰 논란을 불러일으키기도 했다. 밀레가 무슨 이유로 갑자기 심경의 변화를 일으켜 작품 주제를 바꾼 것인지에 대해서는 알려져 있지 않다.

어쨌든 밀레의 작품들은 후대 화가들에게 큰 영향을 주었는데, 특히 고흐는 밀레의 작품에 큰 감명을 받아 동생 테오에게 보내는 편지에서 여러 차례 밀레를 언급하면서 극찬을 아끼지 않았던 것으로 알려져 있으며, 클로드 모네 역시 밀레의 작품에서 많은 영향을 받았다. 그런데 밀레가 세상을 떠나기 직전에 그린 〈새 사냥〉을 보면 그동안 그가 남긴 평화로운 농촌 풍경과는 전혀 다른 매우 산만하고 어수선한 분위기를 보여준다(그림 6). 건강이 더욱 악화된 상태에서 극심한 편두통에 시달리던 시기였던지라 마음의 평정을 잃었기 때문이 아닐까 한다.

그림 6 밀레, 새 사냥, 1874년, 오일용 캔버스, 74×93cm, 미국, 필라델피아 미술관

밀레는 말년에 이르러서야 비로소 명성을 얻고 경제적인 안정뿐 아니라 프랑스 정부로부터 레지옹 도뇌르 훈장까지 받는 영예를 누렸으나, 이미 그의 건강은 돌이킬 수 없을 정도로 악화된 상태여서 뒤늦게 밀려든 작품 의뢰를 일일이 소화시킬 기력조차 남아 있지 않았다. 결국 그는 60세를 일기로 바르비종에서 조용히 눈을 감았는데, 숨을 거두기 직전에 종교적 의식에 따라 서둘러 결혼식을 치른 것은 오랜 세월 헌신적으로 자신을 뒷바라지했던 아내 카트린에게 합법적인 상속이 가능하도록 조치한 마지막 배려였다.

쿠르베

프랑스의 사실주의 화가로 프랑스 동부 국경 지대의 작은 도시 오르낭에서 부농의 아들로 태어난 귀스타브 쿠르베Jean Désiré Gustave Courbet, 1819–1877는 처음에는 법학을 공부하기 위해 파리로 갔으나 도중에 마음을 바꿔 화가의 길로 들어섰다. 30대에 접어들어 철저한 사실주의에 입각한 독자적인 화풍을 띠기 시작했는데, 천사를 그려 달라는 고객의 주문에 자신은 천사를 본 적이 없기 때문에 그릴 수 없다며 한마디로 거절했다는 일화로 유명하다.

그가 20대 중반에 그린 자화상 〈절망적인 사나이〉는 턱수염을 기른 쿠르베가 잔뜩 겁에 질린 표정으로 두 눈을 부릅뜬 채 양손으로 자신의 머리를 쥐어뜯고 있는 모습을 보이고 있는데, 힘을 준 손목에 불쑥 튀어나온 핏줄이 선명하게 드러나 있다(그림 1). 마치 연극의 한 장면처럼 보이는 이 자화상에서 쿠르베가 왜 그런 포즈를 취하고 있는지에 대해서는 제대로 알려진 사실이 없지만, 화가 자신의 의도적인 연출일 수도 있고, 아니면 자

그림 1 쿠르베, 자화상, 절망적인 사나이, 1845년, 오일용 캔버스, 45×54cm, 개인 소장

신을 구속하는 고루한 제도에 대한 반항적인 몸부림의 표현일 수도 있다. 어쨌든 거울 앞에서 인위적인 포즈를 취하며 그 모습을 화폭에 옮기는 작업이 수월치만은 않았을 법한데, 그럼에도 그런 자신의 모습을 굳이 표현한 것은 사실주의적 신념을 스스로 입증해 보이고 싶은 욕구가 매우 강했기 때문 아닐까 한다.

반면에 20대 초반에 그린 〈검은 개와 함께 있는 자화상〉은 높은 산 바위 밑에 휴식을 취하며 담배 파이프를 들고 앉아 있는 모습으로 넓은 챙이 달린 모자를 쓰고 있는 그의 곁에는 검은 애완견 한 마리가 앉아 있다. 그런데 고개를 뒤로 젖히고 관객을 내려다보는 그의 표정이 너무도 도

그림 2 쿠르베, 검은 개와 함께 있는 자화상, 1842년, 46×56cm, 파리, 프티팔레 미술관

도해 보인다(그림 2). 마치 모든 것을 알고 있다는 듯한 표정에서 세상에 대한 조롱과 반항심을 엿볼 수 있다. 그 개는 또 다른 자화상에도 등장한다(그림 3).

20대 말에 그린 〈파이프를 문 자화상〉에는

그림 3 쿠르베, 자화상, 1842년, 오일용 캔버스, 27×23cm, 프랑스 퐁타를리에 미술관

그림 4 쿠르베, 파이프를 문 자화상, 1846년, 오일용 캔버스, 45 ×37cm, 몽펠리에, 파브르 미술관

장발과 덥수룩한 턱수염 가운데 돋보이는 그의 표정이 마치 꿈꾸는 듯이 몽환적인 상태임을 보여 주는데, 술에 취한 듯이 보이는 그의 몽롱한 표정은 어찌 보면 지독한 자아도취감에 빠져 있는 모습처럼 보이기도 한다(그림 4). 그런데 비슷한 시기에 그린 〈가죽 벨트의 자화상〉에서도 역시 그는 자기만족에 빠진 모습을 보여 주고 있다(그림 5). 한 손으로는 자신의 머리를 쓰다듬고 있는 포즈를 취하면서 다른 손으로는 허리를 꽉 조인 가죽 벨트를 움켜쥐고 있는 모습이 그렇다. 자신의 남성다움을 과시하는 가운데 스스로 자신의 외모에 반한 모습을 보여 주고 있기 때문이다.

그림 5 쿠르베, 가죽 벨트의 자화상, 1845–1846년, 오일용 캔버스, 45×37.8cm, 파리, 오르세 미술관

반면에 〈첼로를 연주하는 자화상〉에서는 뚫어질 듯이 노려보는 눈매가 당장이라도 덤벼들 것 같은 기세다(그림 6). 한 치의 비판도 용납하지 않겠다는 매우 위협적인 분위기가 감돈다. 아름다운 음악을 연주하는 사람치고는 너무도 험악한 표정이 아닐 수 없다. 물론 첼로의 음색이 어둡고 둔중하기도 하지만, 쿠르베의 표정은 침울하다기보다 노골적인 분노와 적개심에 가득 찬 모습에 가까운 것이라 당시 그 자신의 심경이 어땠는지 잘 드러내 주는 자화상이라 하겠다.

그림 6 쿠르베, 첼로를 연주하는 자화상, 1847년, 오일용 캔버스, 117×90cm, 스톡홀름 국립미술관

그림 7 쿠르베, 만남, 1854년, 129×149cm, 몽펠리에, 파브르 미술관

30대 중반에 그린 〈만남〉에는 몽펠리에 여행 중인 쿠르베가 길에서 자신의 후원자인 브뤼야 일행과 마주치며 인사를 나누는 모습인데, 배낭을 메고 지팡이를 짚고 서 있는 쿠르베

그림 8 쿠르베, 자화상, 1854년, 오일용 캔버스, 37×46cm, 몽펠리에, 파브르 미술관

의 표정은 관객을 등지고 있어서 읽을 수가 없다(그림 7). 비록 밝은 색조지만 다소 맥 빠진 느낌을 주는 이 작품은 비슷한 시기의 자화상에서 보여 주는 심각한 모습과는 매우 다른 느낌을 준다(그림 8). 여기서 풍기는 어

둡고 짙은 색조와 우울한 분위기는 마치 그의 대표작 〈오르낭의 장례식〉에 감도는 침통한 분위기를 연상시킨다(그림 9).

그림 9 쿠르베, 오르낭의 장례식, 1849-1850년, 오일용 캔버스, 314×663cm, 파리, 오르세 미술관

30대 중반에 그린 쿠르베의 작품 〈화가의 스튜디오〉에는 자신의 작업실에서 큰 화폭 위에 풍경화를 그리고 있는 쿠르베 자신의 모습을 보여 주는데, 그 옆에는 누드모델과 한 어린 꼬마가 넋이 나간 표정으로 그의 그림을 감상하고 있다(그림 10). 흥미로운 점은 주변에 등장하는 많은 사람들의 태도인데, 쿠르베를 중심으로 오른쪽에는 시인 보들레르를 포함해 자신을 지지하고 따르는 사람들이 자리 잡고 있는 데 반해서, 왼쪽에는 그에게 아무런 관심도 보이지 않고 제각기 딴청을 부리고 있는 다양한 계층의 일반시민들이 등장하고 있다는 사실이다.

그림 10 쿠르베, 화가의 스튜디오, 1855년, 오일용 캔버스, 359×598cm, 파리, 오르세 미술관

그중에는 사냥개를 어루만지며 앉아 있는 나폴레옹 3세의 모습도 보이는데, 쿠르베는 그를 왼쪽에 배치시킴으로써 황제에 대한 모멸감을 공개적으로 드러내고 있다. 실제로 그는 나폴레옹 3세를 불법적으로 정권을 탈취한 범죄자로 간주해서 황제가 내린 훈장마저 거부하기도 했다. 일종의 풍자화에 속하는 이 작품은 들라크루아와 보들레르 등에 의해 걸작이라는 찬사를 받았지만, 대중적인 인기는 얻지 못하였다.

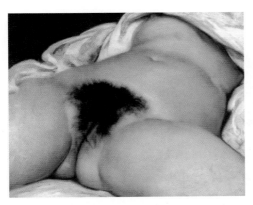

그림 11 쿠르베, 세상의 기원, 1866년, 오일용 캔버스, 46×55cm, 파리, 오르세 미술관

40대 중반에 그린 매우 에로틱한 그림 〈세상의 기원〉은 여성 성기를 너무도 노골적으로 드러내 보임으로써 1988년에 이르기까지 백년 이상 공개적인 전시가 금지된 작품으로 여성의 하체만을 극대화시킨 화면이 당시로서는 매우 충격적이었을 것이다(그림 11). 여성의 음모를 드러낸 것으로는 세계 최초로 기록되는 작품이라 할 수 있는데, 마치 사진을 찍은 듯이 사실적으로 묘사된 이 그림은 쿠르베의 도발적이고도 반항적인 기질을 여실히 드러낸 작품이 아닐까 한다.

그림 12 쿠르베, 잠, 1866년, 오일용 캔버스, 135×200cm, 파리, 프티팔레 미술관

같은 해에 그린 〈잠〉 역시 경찰 조사를 받을 정도로 자극적인 장면인데, 침대 위에 벌거벗은 상태로 서로 끌어안고 잠들어 있는 두 여성의 모습은 동성애를 묘사한 것임에 틀림없다. 인습에 얽매이지 않는 그의 도전정신이 그대로 드러난 작품이라 할 수 있는데, 19세기 보수적인 빅토리아 시대에 발표한 작품이라고는 도저히 믿기 어려울 정도로 그야말로 도발적인 그림이 아닐 수 없다(그림 12).

일생 동안 그 어떤 구속도 거부한 채 반항적인 삶을 살았던 쿠르베는 학교나 교회 등 권위적인 체제에 저항하며 완전한 자유를 추구했지만, 그런 진보적인 성향 때문에 사회문제에 많은 관심을 지니고 혁명적인 파리코뮌에도 적극적으로 참여하게 되면서 오히려 예기치 못한 정치적 곤경에 처하기도 했는데, 결국에는 경찰에 체포되어 6개월간 감옥생활을 하기도 했다(그림 13).

그림 13 쿠르베, 감옥에 있는 쿠르베, 1871년, 목탄화, 16×27cm, 파리, 루브르 박물관

당시에 그린 자화상에서 드러난 50대 초반의
모습은 젊은 시절에 비해 몰라보게 뚱뚱해진 체구
에 머리도 올백으로 뒤로 넘기고 턱수염도 밀어
버린 모습이 과연 쿠르베가 맞나 싶을 정도로 전
혀 딴사람처럼 보이기까지 한다(그림 14). 그럼에도
그의 표정만큼은 여전히 반항적인 혈기로 넘쳐나
있음을 알 수 있다. 여전히 입에 파이프를 물고 꼭
다문 입술에 곁눈질로 자신을 응시하는 그의 표정
에서 모든 것을 잃어버린 허탈감과 자괴감마저 느
껴진다.

그림 14 쿠르베, 자화상, 1871년, 목탄화, 81×65cm, 파리, 루브
르 박물관

형기를 마치고 스위스로 망명한 그는 결국 그곳에서 58세를 일기로 생을 마
치고 말았다. 알코올 중독에 의한 간경화가 그의 죽음을 재촉한 것이다. 뜻대로
돌아가지 않는 세상에 대한 원망을 횟술로 풀다 스스로 생명을 단축한 셈이 되
고 말았는데, 모네가 그린 유명한 작품 〈풀밭 위의 점심식사〉에 등장한 털보 쿠
르베의 당당한 모습을 기억하는 사람이라면 열혈남아의 최후치고는 너무도 외
롭고 초라한 최후가 아닐 수 없다.

피사로

투명하고 아름다운 풍경화로 유명한 카미유 피사로Camille Pissarro, 1830-1903는 프랑스의 인상주의 화가로 그의 섬세한 붓을 통해 묘사된 풍경화는 당대에 따를 자가 없을 정도로 뛰어난 솜씨를 보였다. 그는 서인도 제도의 생 토마 섬에서 태어났는데, 상인이었던 아버지는 포르투갈에서 이주한 유대인의 후손이고 어머니 역시 프랑스계 유대인이었다. 그런 배경을 토대로 피사로가 그린 〈어머니의 초상〉을 보면 얼굴 윤곽이 매우 불분명한 모습으로 나타나 있다는 점에서 의도적으로 그렇게 그린 것이 아닌가 싶기도 하다(그림 1). 당시만 해도 서구사회에서 유대인을 멸시하는 풍토가 극심했으니 그럴 만도 했을 것이다.

그림 1 피사로, 어머니의 초상, 1888년, 수채화, 20.7×16.3cm, 개인 소장

아버지는 자신의 숙모인 여성과 혼인함으로써 율법에 위배된다는 이유로 유대인 공동체에서 배척을 당했으며, 그런 배경 때문에 그의 자녀들 역시 흑인 아동들만 다니는 학교에 갈 수밖에 없었다. 결국 아버지는 12세가 된 아들 피사로를 파리로 보내 공부를 시켰는데, 5년 후 학교를 졸업하고 귀향하자 아들에게 화물 관리 업무를 맡겼지만, 이미 화가가 되기로 결심한 피사로는 가족을 떠나 베네수엘라에 잠시 머물다가 다시 파리로 건너갔다.

1877년, 피사로와 아내 줄리

파리에서 코로에게 회화를 배운 피사로는 보불전쟁을 전후해 모네와 세잔을 만나 교류하면서 인상파 화풍을 몸에 익혔으며, 일생 동안 인상파적 표현으로 일관된 작품 활동을 펼쳤다. 그는 단순히 눈에 보이는 색채 묘사에 그치지 않고 자신의 주관적인 감정 상태를 담아 부드럽고 따스한 온기를 발산하는 풍경화를 많이 남겼는데, 세잔은 항상 겸손하고 자상한 피사로를 아버지처럼 따르고 존경했으며, 고갱 역시 피사로의 지도를 받은 제자였다.

그림 2 피사로, 창가에서 바느질하는 아내의 초상, 1877년, 오일용 캔버스, 54×45cm, 영국 옥스퍼드대학, 애쉬몰리언 미술관

나이 40세에 이르러 어머니의 하녀였던 줄리와 결혼한 피사로는 파리 근교의 퐁투와즈에 자리 잡고 일곱 자녀를 키우고 살면서 아름다운 전원풍경과 자신의 부인 및 자녀들을 대상으로 많은 작품을 그렸는데(그림 2), 매우 가정적이었던 그는 항상 자상한 남편이자 아

버지 노릇에 충실했으며, 이때만 해도 인상파의 거장다운 솜씨가 단연 돋보이는 시기이기도 했다. 하지만 50대 말에 인상주의 기법을 버리고 갑자기 화풍을 바꾼 피사로는 60대 내내 대중뿐 아니라 화단에서도 외면당하는 수모를 겪으면서 경제적으로도 매우 궁핍한 처지에 놓이고 말았다.

그림 3 피사로, 자화상, 1873년, 오일용 캔버스, 56 ×47cm, 파리, 오르세 미술관

그림 4 피사로, 자화상, 1890년, 판화, 18.5×17.7cm, 영국 옥스퍼드대학, 애쉬몰리언 미술관

40대 초반에 그린 그의 자화상은 대머리에 가슴까지 내려온 긴 턱수염으로 인해 마치 나이 든 유대인 랍비 노인처럼 근엄한 인상마저 주는데, 초롱초롱한 눈망울에는 총기가 가득한 모습이다. 당시 그는 때늦은 결혼이지만 나름대로 행복을 만끽하고 있던 시기로 그의 생애에서 가장 의욕적인 활동을 펼치던 때인지라 강한 자신감마저 보이고 있다(그림 3).

그림 5 피사로, 자화상, 1898년, 오일용 캔버스, 53×30cm, 미국 텍사스, 댈러스 미술관

그런데 나이 60대에 그린 자화상을 보면 모자로 대머리를 살짝 감추고 백발 수염을 휘날리며 안경을 쓴 모습을 보여 주고 있지만, 그동안 흐른 세월을 실감하지 못할 정도로 크게 달라진 모

그림 6 피사로, 자화상, 1900년, 오일용 캔버스, 35×32cm, 개인 소장

습은 아니다(그림 4, 5). 다만 70세 때 그린 자화상에서는 구부정한 어깨만 달라졌을 뿐 살아 있는 눈빛은 여전하다. 다소 시무룩한 표정이 말년에 이르러 노쇠한 그 자신의 체력적 한계를 드러내 보이는 듯하지만 그럼에도 과감한 색상으로 자신을 표현하고 있다(그림 6).

그림 7 피사로, 생 토마의 해변에서 대화하는 두 여인, 1856년, 오일용 캔버스, 27.7×41cm, 미국 워싱턴, 국립미술관

그림 8 피사로, 부아쟁 마을 입구, 1872년, 오일용 캔버스, 46×55cm, 파리, 오르세 미술관

말년에 피사로는 눈병을 앓아 겨울철을 제외하고는 야외 작업이 불가능해지면서 주로 전망 좋은 호텔방 안에서 창밖에 비치는 풍경을 바라보며 그려야 했는데, 그런 이유 때문인지 젊은 시절 보여 준 부드럽고 명료한 색채(그림 7, 8)는 자취를 감추고 다소 난삽하고도 불투명한 점묘 화법으로 일관하고 있다(그림 9, 10). 그런 특징은 노년에 그린 자화상을 통해서도 어느 정도 확인할 수 있

그림 9 피사로, 빨래 너는 여인, 1887년, 오일용 캔버스, 32.5×41cm, 파리, 오르세 미술관

그림 10 피사로, 농장의 아이들, 1887년, 오일용 캔버스, 20×26cm, 개인 소장

그림 11 피사로, 자화상, 1903년, 오일용 캔버스, 41×33cm, 런던, 테이트 미술관

다(그림 11).

　파리에서 73세를 일기로 생을 마감한 피사로는 많은 후손을 두었는데, 그중에서 세 아들 루시앙, 조르주, 펠릭스를 비롯해 손녀딸 오로비다, 외손자 앙리와 클로드, 증손자 조아힘 등이 모두 화가가 됨으로써 피사로 가문의 예술적 전통을 이어 나갔다. 이는 역대 유명화가들 가운데 가장 많은 화가를 배출한 집안으로 기록될 것이다.

마네

강렬한 붓 터치와 풍부한 색채감으로 한 시대를 풍미했던 에두아르 마네^{Édouard Manet, 1832–1883}는 프랑스 화가로 그의 화풍은 인상파의 문을 열어 현대미술의 분수령을 이룩한 인상주의 미술의 효시로 꼽힌다. 초기작에 속하는 〈풀밭 위의 점심식사〉는 누드 상태의 아내와 모델을 등장시켜 비평가들의 혹평을 받기도 했으나 일상적인 삶의 모습을 주로 다룬 작품 주제는 그 후에도 마네의 일관된 창작태도로 이어졌다.

그림 1 마네, 에밀 졸라의 초상, 1868년, 오일용 캔버스, 146×114cm, 파리, 오르세 미술관

마네의 작품 소재는 단순한 풍경이나 정물 묘사에 머물지 않고 동시대를 살아가는 다양한 인간 군상들의 모습을 화폭에 담았는데 거지, 집시, 배우, 가수, 투우사, 군인, 카페 손님 등 일상적인 삶의 단면을 포착해 자신의 소재로 삼았다. 그중에서도 〈피리 부는 소년〉이 가장 유명하지만 에밀 졸라, 말라르메, 보들레르 등 예술가의 초상도 남겼다(그림 1).

파리에서 부유한 법관의 아들로 태어난 마네는 법관이 되기를 바라는 아버지의 뜻을 거스르고 화가의 길을 걸었는데, 여기에는 외삼촌의 입김이 크게 작용했다. 허약 체질인 아들이 해군에 두 번이나 지원했다가 떨어지자 이를 딱하게 여긴 아버지는 마지못해 그의 미술공부를 허락했다. 그 후 아버지의 지원으로 20대 중반에 자신의 전속 화랑을 갖고 작품 활동을 계속했는데, 그 주위에 많은 젊은 화가가 모여들어 인상파의 토대를 마련하게 되었다.

30세가 된 마네는 아버지가 세상을 떠나자 그 이듬해에 한때 아버지의 정부였던 네덜란드 출신의 피아노 가정교사 수잔 렌호프와 결혼했는데, 결혼 당시 그녀는 혼외정사로 낳은 열한 살짜리 사생아 아들 레옹을 두고 있었으니 결국 마네는 자신의 배다른 형제를 의붓아들로 받아들여 키운 셈이 되었다. 아버지의 정부였던 여성을 자신의 아내로 맞이했다는 점과 아버지가 죽은 직후 결혼했다는 점에서 보자면, 마네 자신의 오이디푸스 콤플렉스를 행동으로 옮긴 것으로 볼 수도 있겠다. 어쨌든 마네는 그런 아버지의 모습을 화폭에 담기도 했는데 법관답게 몹시 근엄하고 권위적인 인상을 풍긴다(그림 2).

그림 2 마네, 화가의 부모, 1860년, 오일용 캔버스, 111.5×91cm, 파리, 오르세 미술관

문제의 아들 레옹의 모습은 그의 작품 〈검을 옮기는 아이〉를 통해 알 수 있는데, 조심스레 검을 옮기고 있는 어린 소년의 모

습이 마치 마네 자신의 거세공포를 상징하는 듯이 보이기도 한다(그림 3). 아내 수잔과 아들 레옹의 모습은 마네의 그림 〈독서〉에서도 볼 수 있으며, 이미 장성한 아들 레옹이 어머니에게 책을 읽어 주고 있는 장면이다(그림 4).

그림 3 마네, 검을 옮기는 아이, 1861년, 오일용 캔버스, 131×93.3cm, 뉴욕, 메트로폴리탄 미술관

그림 4 마네, 독서, 1869년, 오일용 캔버스, 61×74cm, 파리, 오르세 미술관

마네가 그린 〈풀밭 위의 점심식사〉는 수잔과 처남인 페르디낭 렌호프, 그리고 마네의 모델인 뮤랑이 등장하는데, 정장 차림의 두 신사와 마주 앉은 누드 상태의 뮤랑의 모습이 매우 부도덕하다는 이유로 처음에는 전시가 거부되기도 했다(그림 5). 당시 마네의 모습은 동료 화가인 드가의 초상화에서도 볼 수 있는데, 마네 자신이 그린 자화상보다 더욱 험악하고 심술궂은 모습으로 표현되어

그림 5 마네, 풀밭 위의 점심식사, 1863년, 208×264.5cm, 파리, 오르세 미술관

있음을 알 수 있다(그림 6).

그림 6 드가, 마네의 초상, 1862–1865년, 판화, 13.3×12.5cm, 미국, 필라델피아 미술관

40대 후반에 그린 〈팔레트를 든 자화상〉에 나타난 그의 모습은 양복 차림의 마네가 길게 수염을 기른 채 두 손에 붓과 팔레트를 들고 서 있는 것으로 보아 작업 중에 있음을 암시하고 있는데, 검은 모자를 눌러 쓴 그의 얼굴은 몹시 피곤하고 초췌한 모습이다. 당시 이미 매독에 걸린 상태였다는 점에서 건강상태가 여의치 않은 기색이 역력하다(그림 7). 그럼에도 의사를 몹시 불신하고 두려워한 그는 적절한 치료를 거부한 채 스스로 생명을 단축하고 말았다.

그림 7 마네, 팔레트를 든 자화상, 1879년, 오일용 캔버스, 83×67cm, 개인 소장

붓을 쥔 왼손은 그 형체를 알아볼 수 없을 정도로 물감으로 무성의하게 적당히 얼버무리고 말았는데, 손의 형태가 매우 불분명하게 묘사된 점으

로 보아 이미 관절통으로 인해 작업하는 데 매우 힘겨워하고 있음을 알 수 있으며, 자신의 신체적 결함을 애써 부정하고 감추고 있는 모습이다. 그의 표정 또한 매우 못마땅하다는 듯 시큰둥한 시선으로 정면을 바라보고 있다.

비슷한 시기에 그린 또 다른 자화상은 모자를 쓴 마네가 양손을 상의 주머니에 꽂은 자세로 잠시 뒤로 물러나 자신의 작품을 유심히 지켜보는 모습을 보여주는데, 그 표정이 자못 심각하다.

이 그림은 전적으로 관객의 존재와는 아무런 관계가 없는 작품으로 그의 시선은 정면을 응시하고 있으나 그것은 관객을 바라보고 있는 게 아니라 자신이 그린 작품을 점검하는 모습이다(그림 8).

그림 8 마네, 자화상, 1878년, 오일용 캔버스, 63.4×95.4cm, 일본 도쿄, 브리지스톤 미술관

말년에 이른 마네는 결국 악화된 류머티즘과 매독으로 죽었는데, 그는 이미 40대부터 매독에 걸린 상태였으나 의사들을 불신한 나머지 치료를 계속 거부한 상태였다. 51세로 눈을 감기 직전까지

오랜 기간 극심한 통증과 사지마비에 시달린 그는 수년간 제대로 걷지도 못했으며, 결국 다리가 썩기 시작해 왼쪽 발을 절단해야 했는데, 수술 후 불과 열흘 만에 세상을 뜨고 말았다. 상징적으로 보자면, 아버지의 보복을 두려워한 아들이 거세공포에 시달린 나머지 의사의 집도를 끝까지 거부하다 결국에는 한쪽 다리를 잘리고 그 후유증으로 숨을 거둔 셈이라고나 할까. 어쨌든 마네는 그렇게 스스로 목숨을 단축하고 일찍 세상을 떴다.

드가

아름다운 무희를 모델로 많은 작품을 남긴 에드가 드가^{Edgar} Degas, 1834-1917는 평생을 독신으로 보냈으며, 말년에는 시력을 거의 상실해 주로 조각에만 몰두했다. 비록 그는 겉으로는 매우 평탄한 삶을 누렸지만, 개인적으로는 다소 괴팍하고 심술궂은 성격에 인간혐오증에 빠진 염세적인 인물로 알려져 있다. 특히 드레퓌스 사건 이후로는 유대인에 대한 혐오감이 더욱 극심해진 나머지 유대인 친구들과도 모든 관계를 끊고 지냈다고 한다. 유대인뿐 아니라 사람을 극도로 싫어한 드가는 자신의 독자적인 제자들을 따로 두지 않았지만, 로트렉은 개인적으로 드가를 가장 흠모하고 따른 열렬한 팬이기도 했다.

예술가는 독신으로 살아야 한다고 굳게 믿은 드가는 자신의 신념을 행동으로 실천해 보였지만, 아름다운 발레리나를 모델로 줄기차게 그림을 그려 여성에 대한 관심만큼은 유달리 컸음을 알 수 있다(그림 1). 아마도 그런 관심은 소년시절에 일찍

그림 1 드가, 무대 위의 무희, 1878년, 파스텔화, 60× 44cm, 파리, 오르세 미술관

세상을 뜬 어머니에 대한 그리움 때문일지도 모르지만, 다른 한편으로는 혼혈아였던 어머니에 대한 부정으로 백인 여성에 그토록 집착했을 수도 있다.

그의 어머니는 미국 남부 루이지애나 출신의 흑백혼혈 여성으로 서구사회에서는 그들을 따로 구분해 '크레올'이라 부르는데, 어쨌든 드가는 1872년에 어머니의 고향을 잠시 방문하기도 했지만, 자신이 혼혈녀의 아들이라는 떳떳치 못한 출신 성분 배경을 감추고 싶은 이유 때문에 유독 서구사회에서 천민으로 간주되던 유대인을 그토록 혐오했는지도 모른다. 그것은 일종의 자기부정인 동시에 자신의 열등감을 유대인에게 투사한 것으로 볼 수 있다. 어쨌든 그의 반유대주의는 죽을 때까지 변함이 없었으며, 반유대주의 단체의 일원으로 활동하기도 했다.

그가 1879년에 그린 〈증권거래소〉는 드가의 반유대 감정이 잘 드러난 것으로 알려져 있는데, 귓속말로 서로 속삭이며 정보를 교환하는 유대인 브로커들의 모습이 유대인은 모두 교활하고 엉큼하다는 당시 서구인들의 선입견을 더욱 자극하고 있다(그림 2). 비록 드가 자신은 1894년 전 유럽 사회를 시끄럽게 만들었던 드레퓌스 사건에 공개적인 의사 표시를 하지는 않았지만, 반드레퓌스파의 일원으

그림 2 드가, 증권거래소, 1879년, 오일용 캔버스, 100×82cm, 파리, 오르세 미술관

로 은밀히 활동하기도 했다.

드가의 자화상을 보면 매우 온화한 표정의 멋쟁이 신사를 연상하겠지만, 다른 한편으로는 자만심에 가득 찬 나르시시스트의 면모 또한 읽을 수 있다. 20대 후반에 그린 자화상에서 보듯이 멋진 모자에 정장 차림의 드가는 분명 매력적인 모습임에 틀림없지만(그림 3), 같은 시기에 그린 다른 자화상을 보면 매우 냉담하고 도도한 표정의 드가를 엿볼 수 있다(그림 4). 물론 그런 자만심은 일종의 반동형성에 의한 결과로 볼 수도 있겠는데, '작은 고추가 맵다'라는 속담에서 보듯이 열등감에 사로잡힌 사람이 외적으로는 몹시 강하고 우월한 태도를 유지하는 경우에 해당된다.

그림 3 드가, 자화상, 1863년, 오일용 캔버스, 93×67cm, 리스본, 칼루스트 굴벤키안 미술관

그림 4 드가, 자화상, 1863년, 오일용 캔버스, 51×36cm, 개인 소장

  그런데 20대 초반에 그린 자화상을 보면, 시종일관 시무룩한 표정을 짓고 있음을 알 수 있다. 자부심을 나타내는 큰 코에 비해 유달리 작은 입술을 통해 그의 소심한 성격을 드러내기도 하지만, 무엇보다 시큰둥한 얼굴 표정을 통해 그 자신의 어두운 염세주의와 내면에 은폐된 열등감을 엿볼 수 있다(그림 5~9). 물론 그런 열등감과 염세적 경향은 자신을 버리고 일찍 세상을 떠난 혼혈아 출신의 어머니에 대한 양가적 감정에서 비롯된 것으로 볼 수 있겠는데, 그런 이유 때문에 일생을 결혼도 하지 않고 독신을 고수했던 것으로 보인다.

그림 5 드가, 자화상, 1854년, 오일용 캔버스, 40.6×34.3cm, 뉴욕 메트로폴리탄 미술관

그림 6 드가, 자화상, 1855년, 오일용 캔버스, 81×65cm, 파리, 오르세 미술관

그림 7 드가, 자화상, 1856년, 오일용 캔버스, 46×36cm, 개인 소장

그림 8 드가, 모자 쓴 자화상, 1857-1858년, 오일용 캔버스, 207×162cm, 로스앤젤레스, 게티 미술관

그림 9 드가, 모자 쓴 자화상, 1858년, 오일용 캔버스, 71.1×101.6cm, 매사추세츠 윌리엄스타운, 스털링 앤 프랜신 클라크 미술 연구소

　　전형적인 보수주의자였던 드가는 모든 진보적인 사회개혁에 반대하고 전화나 전기 등의 과학 기술 발전에도 회의적인 시각을 지녔으며, 신앙적으로도 편견이 심해서 개신교 신자인 모델은 일체 쓰지 않았다고 한다. 심지어는 작업 도중에도 개신교도라는 사실을 알게 되면 가차 없이 그 자리에서 해고할 정도로 그는 고루한 편견의 소유자였다.

　　말년에 눈병이 악화되면서 거의 시력을 상실한 드가는 주로 누드화를 그리다가 결국에는 회화를 포기하고 조각에만 몰두했는데, 무희들이 펼치는 아름다운 동작을 순간적으로 포착해 묘사하는 것을 장기로 했던 그의 예리한 시력을 잃었다는 사실은 유달리 자부심이 강했던 드가에게 상당한 나르시시즘적 상처를 입혔을 것으로 보인다. 그가 70대에 접어들어 그린 누드화를 보면 몹시 난삽해진 그의 붓놀림을 확인할 수 있다(그림 10).

그림 10 드가, 머리를 빗는 여인, 1905년, 파스텔화, 77×75cm, 스위스 로잔, 칸토날 미술관

60대 중반에 그린 자화상에 드러난 드가의 모습은 공허한 시선에 아무런 표정도 없는 무기력한 노인의 상태를 엿보게 해 준다(그림 11). 젊은 시절 멋쟁이 모습은 온데간데없이 사라지고 초췌한 모습의 드가를 본다는 사실이 보는 이의 가슴을 착잡하게 만든다. 그는 제1차세계대전이 한창일 때 83세를 일기로 파리에서 눈을 감았는데, 죽기 직전에도 초조한 모습으로 파리 시내를 정신없이 배회하며 돌아다녔다고 한다.

그림 11 드가, 자화상, 1895–1900년, 파스텔화, 47.5×32.5cm, 스위스 취리히, 라우 재단

제임스 휘슬러

19세기 미국을 대표하는 화가지만 주로 영국에서 활동했던 제임스 휘슬러James Abbott McNeill Whistler, 1834–1903는 미국 매사추세츠 주 로웰에서 태어났다. 엄격하고 독실한 신자였던 어머니 밑에서 자란 그는 어려서부터 매우 병약하고 정서적으로도 불안정해서 툭 하면 화를 잘 내고 오만방자한 아이였다고 한다. 엔지니어였던 아버지가 러시아 철도사업에 고용되는 바람에 소년시절을 러시아에서 보내게 된 그는 아버지의 권유로 그곳에서 미술학교에 들어가 교육을 받았다.

그러나 장래 화가의 꿈을 키우던 그는 든든한 후원자였던 아버지가 갑자기 콜레라로 사망하는 바람에 자신의 앞날에 대해서도 분명한 입장을 내세우기 어렵게 되었다. 더군다나 아들이 목사가 되기를 원한 어머니는 그를 강제로 미선계 학교에 보내면서 그림도 그리지 못하게 금지시켰다. 종교가 체질에 맞지 않았던 그는 결국 학교를 그만두고 육군사관학교에 지원했는데, 웨스트포인트는 과거에 아버지가 미술을 가르치던 곳이기도 했다. 하지만 지독한 근시로 시력이 나쁜 데다 병약했던 그는 그곳마저 적응하지 못하고 도중하차하고 말았다.

그 후 군사용 지도 제작에 관여하며 빈둥거리던 아들의 모습을 보다 못한 어머니가 다른 직업을 가져 보도록 권유했지만, 그는 어머니의 제안을 거부하고 파리로 가서 미술공부를 하겠다고 선언한 후 1855년 프랑스로 떠나 버렸는데, 그 후로는 두 번 다시 미국 땅을 밟지 않았다. 청교도적인 어머니의 지겨운 간섭을 벗어나 자유의 몸이 된 휘슬러는 파리에서 보헤미안 스타일의 삶에 만족을 느끼며 방탕한 생활을 만끽했지만, 대신에 몸을 망치고 말았다.

1858년 당시 그가 그린 〈모자를 쓴 자화상〉을 보면 매우 반항적인 표정에 냉소적인 시선, 야릇한 미소를 머금은 입술 등 교만에 가득 찬 모습을 통해 그의 나르시시즘을 엿볼 수 있는데, 20대 중반이라고 보기에는 다소 초췌한 모습이기도 하다(그림 1). 자기 몸을 돌보

그림 1 휘슬러, 모자를 쓴 자화상, 1858년, 오일용 캔버스, 46.3×38.1cm, 미국 워싱턴, 프리어 미술관

지 않고 과도한 흡연과 주색에 빠져 지낸 방탕한 세월이었으니 그럴 만도 했을 것이다.

당시 그는 시인 보들레르와 고티에로부터 큰 영향을 받기도 했으며, 규범에 얽매이지 않는 자유분방한 파리 생활을 통해 청교도적인 미국 동부사회에서 경험해 볼 수 없는 해방감에 도취되어 있었던 것으로 보이는데, 그렇게 제멋대로 살아가며 몸에 밴 방자한 태도는 30대 초반에 그린 자화상에서도 여전히 변함

이 없다(그림 2).

휘슬러 특유의 그런 냉소적인 시선은 30대 후반의 이른 나이에 그린 자화상뿐 아니라 60대 노년의 자화상에 이르러서도 여전함을 알 수 있는데, 대부분 꼿꼿한 자세로 야릇한 미소를 띠고 있는 모습에서 그의 강한 자부심과 반항심을 읽을 수 있다(그림 3~6).

그림 2 휘슬러, 스튜디오에 있는 자화상, 1865년, 오일용 캔버스, 63×46cm, 시카고 미술 연구소

그림 5 휘슬러, 자화상, 1896년, 오일용 캔버스, 46.5×62.4cm, 미국 워싱턴, 국립미술관

그림 4 휘슬러, 자화상, 1896년, 오일용 캔버스, 51.5×31.3 cm, 영국, 글래스고 대학 헌터리안 미술관

그림 6 휘슬러, 자화상, 1895~1900년, 오일용 캔버스, 95.8×51.5cm, 영국, 글래스고 대학 헌터리안 미술관

그림 3 휘슬러, 자화상, 1872년, 오일용 캔버스, 74.9×53.3cm, 미국, 디트로이트 미술연구소

1871년에 그린 그의 대표작 〈화가의 어머니〉는 오늘날에 이르러 가장 대중적인 인기를 독차지하고 있는 작품이지만, 일반인들이 상상하는 그런 자상한 모성적 이미지를 묘사했다기보다는 오히려 냉담하고 지배적인 어머니에 대한 적대감을 드러낸 작품이라 할 수 있다(그림 7). 야무지게 꼭 다문 입술과 정면을 응시하는 날카로운 표정에서 인자한 어머니의 모습을 찾아보기 어렵기 때문이다.

그림 7 휘슬러, 화가의 어머니, 1871년, 오일용 캔버스, 144.3×162.4cm 파리, 오르세 미술관

실제로 휘슬러는 약속한 모델이 도착하지 않자 그녀 대신에 어머니를 모델로 그린 것인데, 처음에는 세운 자세로 그리기 시작하다가 작업이 너무 오래도록 길어지면서 어머니가 힘들다고 푸념하자 어쩔 수 없이 앉은 자세로 바꾼 것이며, 사실 어떻게 보면 어머니를 그렇게 오랜 시간 힘들게 세워 둔 것은 그동안 자신을 괴롭힌 어머니에게 벌을 준 셈이라 할 수 있다. 실제로 어머니의 표정은 그리 밝은 모습이 아니며 몹시 못마땅하다는 듯이 보인다. 그나마 정면이 아닌 옆모습이라 그런 표정을 감출 수가 있었을 것이다.

1861년 휘슬러는 자신의 모델이자 애인이었던 당시 18세였던 조안나 히퍼난

그림 8 휘슬러, 흰 옷 입은 소녀, 1862년, 오일용 캔버스, 215×108cm, 미국 워싱턴, 국립미술관

을 대상으로 〈흰 옷 입은 소녀〉를 그렸는데, 곰 가죽 깔개를 밟고 서 있는 그녀의 표정은 매우 도발적인 반면에, 그녀가 입고 있는 흰 옷은 순결을 상징하고 있어 묘한 대조를 이루고 있다(그림 8). 하지만 그녀는 쿠르베의 누드모델 노릇도 했기 때문에 이에 몹시 화가 난 휘슬러는 쿠르베와 절교를 선언하게 되었으며, 사실 그로서는 그럴 만도 했다. 단순 누드가 아니라 여성 생식기를 과감하게 노출시킨 〈세상의 기원〉과 레즈비언을 연상시키는 〈잠〉의 모델이었기 때문에 더욱 그랬을 것이다.

더군다나 그는 어머니가 미국에서 아무런 예고도 없이 건너와 런던을 기습적으로 방문하자 황급히 조안나를 다른 장소로 옮겨 숨게 하고 자신이 살던 방도 허겁지겁 정돈했지만, 이미 아들의 방탕한 생활을 눈치 챈 어머니는 아들을 크게 질책했는데, 이런저런 이유로 어머니에 대한 불만에 가득 찬 휘슬러는 결국 〈화가의 어머니〉를 그리게 된 것으로 보인다. 따라서 조안나를 모델로 그린 작품에서는 흰 옷을 입혔지만, 어머니를 모델로 그린 작품에서는 상복처럼 보이는 검은 옷을 입힌 것으로 보인다. 마치 영정 사진처럼 보이게 말이다.

〈화가의 어머니〉는 특히 미술의 대가를 낳지 못해 은근히 열등감을 지니고 있던 미국인들에게 지나치게 과대 포장되어 레오나르도 다 빈치의 〈모나리자〉나 뭉크의 〈절규〉에 맞먹는 걸작으로 평가되어 1934년에는 이 그림이 우표에 실리기까지 했지만, 그것은 작품의 배경을 제대로 이해하지 못한 데서 나온 실수로 보인다. 어쨌든 휘슬러는 매우 문란한 사생활로 어머니의 눈 밖에 났지만, 그토록 무서운 어머니가 정작 세상을 뜨자 그녀의 성을 자신의 이름에 넣어 사용하기 시작했는데, 그것은 어쩌면 어머니에 대한 그리움의 표시라기보다는 오히려 후환이 두려워서였기 때문일 가능성이 더 많아 보인다.

조안나와 결별한 후 휘슬러는 오랜 기간 자신의 모델이었던 모드 프랭클린과 동거하면서 두 딸을 낳았지만, 자신의 작품을 혹평했던 영국의 저명한 비평가 존 러스킨을 상대로 무모한 법정 소송을 일으킨 결과 마침내 파산하고 말았는데, 자만심에 가득 차 있던 그에게는 상당한 나르시시즘적 상처가 되었을 것이다. 모드 프랭클린의 모습은 휘슬러의 초상화에서 보듯이 청순가련형의 매우 앳된 미모의 여인임을 알 수 있지만, 휘슬러와의 동거 생활은 결코 행복하지 못했던 것으로 보인다 (그림 9).

그림 9 휘슬러, 모드 프랭클린의 초상, 1875년, 오일용 캔버스, 62.7×41cm, 미국 하버드대학, 포그 미술관

어머니도 세상을 뜨고 모드와의 관계마저 흔들리게 되자 갑자기 건축가 고드윈의 미망인 베아트리스와 결혼해 그런대로 행복하게 지냈지만, 말년에 이르러서는 암에 걸린 베아트리스가 모르핀 중독에 빠진 상태로 세상을 뜨는 바람에 휘슬러 역시 큰 충격을 받고 실의의 나날을 보내야 했다.

20대 초반부터 어머니와 등지고 일생 동안 자기가 하고 싶은 대로 살았던 그는 1903년 런던에서 69세를 일기로 결코 행복하지 못한 삶을 마감했다. 휘슬러와 헤어진 모드 프랭클린은 그 후 화가로 활동했지만 크게 두각을 나타내진 못했으며, 제2차 세계대전이 한창일 무렵 남불 해안의 칸에서 84세로 세상을 떴다.

세잔

19세기 프랑스 회화를 대표하는 화가이자 현대미술의 아버지로 불리는 폴 세잔^{Paul Cézanne,} ¹⁸³⁹⁻¹⁹⁰⁶은 겉으로 보이는 현상에 머물지 않고 사물의 내적인 생명을 묘사하는 데 집착함으로써 사과가 썩을 때까지 계속해서 그림을 그렸다는 일화로 유명하다. 더욱이 계속해서 덧칠을 가하는 그의 새로운 기법과 나이프를 이용한 기법 등은 세잔의 독특한 화풍을 이루는 주된 요인으로 간주된다.

세잔은 프랑스의 최남단 엑상 프로방스에서 부유한 은행가의 아들로 태어났다. 어린 시절 학교에서 친구들에게 괴롭힘을 당하던 에밀 졸라를 구해 준 일을 계기로 오랜 세월 우정을 나눴는데, 아버지의 극심한 반대를 물리치고 화가가 되겠다는 꿈을 펼치기 위해 파리행을 결심하게 된 배경에는 죽마고우였던 에밀 졸라의 적극적인 격려가 큰 힘이 되었다.

파리에서 세잔은 9년 연상인 피사로를 만나 처음에는 우정관계로 시작했으나 차츰 스승과 제자 사이로 발전하면서 나중에는 그를 아버지처럼 따르고 숭배하게 되었는데, 그런 배경에는 실제 친아버지에 대한 반감이 크게 작용한 것으로 보인다. 피사로를 상징적인 새로운 아버지로 받아들인 세잔은 그에게서 결정적인 영향을 받았다.

　물론 그때까지만 해도 세잔은 아버지의 초상(〈신문을 읽고 있는 아버지〉)을 그릴 정도로 아버지의 비위를 거스르지 않기 위해 무진 애쓰기도 했지만, 그것은 아버지가 매달 부쳐 주는 생활비로 파리 생활을 근근이 이어 나갔기 때문이다(그림 1). 아버지의 초상을 그릴 당시에 이미 덧칠 기법을 사용한 그는 마치 분풀이라도 하듯 캔버스에 담긴 아버지 얼굴을 붓으로 거칠게 때리며 겹겹이 물감으로 덧칠을 한 것으로 보이는데, 캔버스 장면에 자신의 감정을 몰입하기로 유명한 세잔이었으니만큼 아버지에 대한 불만과 적개심을 그렇게 붓을 통해 풀었던 것으로 여겨진다. 그런 화풀이의 심리를 정신분석에서는 전치displacement의 기제로 설명한다.

그림 1 세잔, 신문을 읽고 있는 아버지, 1866년, 오일용 캔버스, 198.5×119.3cm, 미국 워싱턴, 국립미술관

　하지만 나이 서른에 자신보다 열두 살이나 연하인 모델 오르탕스 피케와 동거하게 되면서 이들 부자관계는 최악의 상태로 치닫기 시작했다. 물론 세잔의 어머니는 처음부터 아들의 동거사실을 알고 있었으나 부자관계의 악화를 걱정해 비밀에 부치고 있었는데, 아버지를 몹시 두려워했던 세잔은 아들 폴을 낳

은 사실까지 오랜 기간 숨겨야 했다. 결국 나중에 그런 사실이 모두 들통나자 화가 머리끝까지 난 아버지는 생활비 지원을 끊어 버리겠다고 위협까지 했지만 차마 그러지는 못하고 최소한의 경제적 지원은 계속해 주었다.

고집 센 아버지는 임종 직전에 가서야 겨우 아들의 결혼을 승낙함으로써 세잔은 17년간의 오랜 동거생활을 마치고 나이 47세가 되어 비로소 정식 결혼에 성공할 수 있었으며, 상속받은 재산으로 더 이상 생활고에 허덕이지 않으며 살아갈 수 있게 되었다. 하지만 이미 아내 오르탕스에 대한 애정이 식어 버린 그는 곧바로 별거에 들어간 후 어머니 곁으로 돌아갔으며, 다른 무엇보다 세잔의 가장 큰 심적 고통은 자신의 작품이 좀처럼 세상의 인정을 받지 못한다는 점이었다고 할 수 있다.

이러저런 이유로 우울증에 시달린 세잔은 자신의 화를 다스리는 데 특히 어려움을 겪었으며, 유달리 상처받기 쉬운 나르시시즘적인 성격 탓에 에밀 졸라를 비롯한 여러 친구들마저 하나둘씩 떨어져 나가고 말았는데, 화가로 데뷔한 초기에는 주로 살인과 강간 등을 주제로 다룬 매우 거칠고 폭력적인 내용의 그림들을 그려서 화단으로부터 정신병자 취급까지 당해야 했다. 그렇게 화단과 대중으로부터 철저히 외면당한 그는 좀처럼 세상의 인정을 받지 못한 채 오랜 세월 실의의 나날을 보내야 했으며, 자기 자신을 인생 실패자로 간주하기도 했다. 오죽했으면 자신이 기르던 앵무새에게 '세잔은 대가다.'라는 말을 훈련시켜 스스로 위안을 삼았을까.

실제로 그는 비평가들의 혹평에 시달렸으며, 특히 20대 후반에서 30대 초에 그린 〈살인〉, 〈유괴〉, 〈오르기〉, 〈목욕하는 여인들〉 등 일련의 작품은 정신착란 상태에서 그린 광인의 작품이라는 말까지 들을 정도로 몹시 거칠고 난폭한 화풍을 보여 준다. 특히 〈살인〉에서는 한 여성을 칼로 살해하는 남자의 모습을 그리고 있는데(그림 2), 다른 여성 한 명이 그의 살인을 돕고 있는 장면으로 이처럼 부도덕한 내용 때문에 그는 살롱 출품에서 번번이 떨어졌으며, 그런 광적인 내용의 주제는 〈유괴〉 역시 마찬가지라 하겠다

그림 2 세잔, 살인, 1867년, 오일용 캔버스, 64×81cm, 영국 리버풀, 국립미술관

(그림 3). 다행히 피사로의 영향을 받은 이후에는 밝고 단순한 분위기로 선회하기 시작했다.

그림 3 세잔, 유괴, 1867년, 오일용 캔버스, 90.5×117cm, 영국 케임브리지, 피츠윌리엄 미술관

그의 대표적인 걸작들로 손꼽히는 〈카드놀이를 하는 사람〉, 〈붉은 조끼를 입은 소년〉 등과 일련의 정물화 시리즈는 오히려 50세를 전후한 시기에 나온 작품들이다. 그

는 50대 중반에 이르러 개최한 개인전을 통해 비로소 주목을 끌기 시작했으나 이미 당뇨병에 시달리고 있던 세잔은 모든 대인관계 접촉을 끊고 자신의 고향에서 오로지 창작활동에만 전념하고 있었으며, 생전에는 여간해서 빛을 보지 못했다.

세잔은 3, 40대에 집중적으로 많은 자화상을 남겼지만, 30대 중반 그의 모습은 거의 대부분 몹시 우울하고 화난 표정을 짓고 있는데, 짙은 턱수염과 훌렁 벗겨진 대머리, 잔뜩 치켜세운 눈썹의 모습으로 매우 못마땅하다는 듯이 노려보는 표정을 짓고 있다(그림 4~6). 붉게 타오르는 화염처럼 보이는 배경도 그 자신의 불편한 심기를 대변하는 듯하다.

이는 세상의 인정을 받지 못하는 자기 자신에 대한 불만을 포함해 그의 천재성을 알아보지 못하는 무지한 대중에 대한 분노를 동시에 드러낸 것이기 쉽다. 분노로 이글거리는 그의 자화상을 보노라면 세잔은 분명 오랜 기간 화병에 시달리고 있었음을 알 수 있다. 그런데 그의 스승이었던 피사로가 그린 제

그림 4 세잔, 자화상, 1875년, 오일용 캔버스, 66× 55cm, 파리, 오르세 미술관

그림 5 세잔, 자화상, 1875년, 오일용 캔버스, 64× 53cm, 파리, 오르세 미술관

그림 6 세잔, 자화상, 1875-1877년, 오일용 캔버스, 55× 47cm, 독일 뮌헨, 노이에 피나코테크

그림 7 피사로, 세잔의 초상, 1874년, 오일용 캔버스, 73×60cm, 개인 소장

자의 모습은 마치 산도적처럼 초라하고 남루한 차림을 하고 있지만 그래도 표정 자체만큼은 온순해 보여 흥미로운 대조를 이룬다(그림 7).

40대에 접어든 세잔의 표정은 다소 누그러진 모습이지만, 눈빛만큼은 여전히 불만스러운 기색을 드러내 보이고 있다(그림 8~10). 물론 세잔이 40대 후반에 이르면서 노쇠한 아버지의 기세가 예전과 달리 많이 수그러들게 되자 아

그림 8 세잔, 자화상, 1880~1881년, 오일용 캔버스, 33.6×26cm, 런던 국립미술관

그림 9 세잔, 자화상, 1879~1880년, 오일용 캔버스, 65×51cm, 스위스 베른 미술관

그림 10 세잔, 흰 터번을 두른 자화상, 1881~1882년, 오일용 캔버스, 55.5×46cm, 독일 뮌헨, 노이에 피나코테크

버지에 대한 심적 부담이 줄어든 세잔은 한결 여유가 생긴 모습을 보여 주고 있지만, 여전히 그는 파리 화단에서 좀처럼 인정받지 못한 상태라 다소 의기소침한 모습이다(그림 11, 12).

그림 11 세잔, 자화상, 1883~1887년, 오일용 캔버스, 44×36cm, 덴마크 코펜하겐, 니 칼스버그 미술관

그림 12 세잔, 자화상, 1985~1987년, 오일용 캔버스, 93×73cm, 개인 소장

그림 13 세잔, 자화상, 1895년, 오일용 캔버스, 55×46cm, 개인 소장

그림 14 세잔, 자화상, 1890~1895년, 오일용 캔버스, 61×50cm, 일본 도쿄, 브리지스톤 미술관

그림 15 세잔, 베레모를 쓴 자화상, 1898~1900년, 오일용 캔버스, 63.5×50.8cm, 미국, 보스턴 미술관

그러나 5, 60대에 이른 그는 매우 왜소해진 노인의 기색이 역력하다(그림 13~15). 젊은 시절 보였던 혈기와 야심은 사라지고 삶에 지치고 피곤한 모습이 보인

다. 당시 세잔은 건강도 여의치 않은 데다 아내 오르탕스와의 불화로 심신이 모두 지쳐 있는 상태로, 그 나이가 되도록 세상의 인정조차 여전히 받지 못한 상태였으니 이래저래 매우 의기소침할 수밖에 없었을 것이다.

더군다나 말년에 이르러 건강이 더욱 악화된 세잔은 여러 개의 해골을 쌓아 놓은 그림들을 남기고 있는데, 아마도 자신의 죽음을 염두에 두고 해골에 집착한 듯이 보인다(그림 16). 심지어는 과일을 그린 정물화에도 해골을 등장시키고 있다. 썩어가는 과일과 해골의 대비는 건강을 잃고 점차 좀먹어 가는 자신의 모습을 투영한 것처럼 보이기도 한다.

그림 16 세잔, 해골 피라미드, 1901년, 오일용 캔버스, 37×45.5cm, 개인 소장

　세잔은 죽을 때까지 아내와 화해하지 못했는데, 어머니가 세상을 뜬 후에도 아내 곁으로 돌아가지 않았다. 심지어 아내 오르탕스는 홧김에 시어머니의 유품을 불태우기까지 했던 것으로 알려져 이들 부부관계는 더 이상 돌이킬 수 없는 최악의 상태에 빠지고 말았다. 그런 아내에게 세잔은 단 한 푼의 유산도 남기지 않았으며, 아들 폴에게만 모든 유산을 상속하고 죽었으니 죽을 때까지도 세잔의 마음은 편치가 않았을 것이다.

　세잔은 야외에서 갑자기 쏟아지는 폭우를 맞으며 무리하게 작업하다가 쓰러져 지나가던 행인의 도움으로 간신히 귀가했는데, 일단 의식이 회복되자 다음 날 다시 작업하려고 무리하게 집을 나섰다가 의식을 잃고 쓰러진 후 영원히 세상을 하직하고 말았다. 향년 67세로 눈을 감은 그의 사인은 급성 폐렴이었다. 사과가 썩을 때까지 참고 기다리며 지켜보던 집념의 화가 세잔은 결국 그렇게 생의 마지막 순간까지 붓을 손에서 놓지 않고 있다가 숨진 것이다.

오딜롱 르동

우리에게는 다소 낯선 인물이라 할 수 있는 프랑스의 상징주의 화가 오딜롱 르동^{Odilon} ^{Redon, 1840–1917}은 인상파 화가들이 전성기를 누리고 있을 무렵에 시대적 조류에 영합하지 않고 오로지 흑백으로만 이루어진 판화를 고집한 매우 특이한 화가였다. 비록 후기에 가서 컬러를 사용해 나비와 꽃 등을 주제로 화려하고 신비로운 작품을 남기기도 했으나 생의 대부분을 어둡고 기괴한 내용의 환상적인 작품을 그리며 보냈다.

프랑스 남서부에 위치한 보르도에서 태어난 그는 비록 부유한 가정환경 탓으로 경제적인 어려움을 모르고 자랐으나 원래 몹시 병약한 데다 간질병까지 있어 출생 직후부터 11세에 이르기까지 부모의 곁을 떠나 삼촌의 보호를 받으며 성장해야 했다. 더욱이 미국 루이지애나 출신의 어머니 오딜은 흑백혼혈인 크레올 여성으로 자신이 낳은 아기에게 별다른 관심을 두지 않아 르동은 어려서부터 애정결핍에 시달리며 매우 고독하고 우울한 어린 시절을 보내야만 했다.

11세가 되어서야 비로소 보르도로 돌아와 가족과 함께 지냈으나 낯설기만한 부모와 매우 서먹서먹한 관계를 유지한 그는 집에서도 커튼 뒤나 어두운 구석에 숨어 있을 때 가장 편안함을 느낄 정도로 가족과도 잘 어울리지 못했다. 그런 성향은 나중에 르동의 작품에도 그대로 반영되어 나타났는데, 컬러 회화가 아니라 주로 흑백 판화에 집착해 기괴하고도 환상적인 내용의 작품을 남김으로써 동시대의 화가와 비평가들로부터 도외시당하기도 했다. 특히 웃는 거미(그림 1), 우는 거미(그림 2) 등 거미를 주제로 한 작품과 거대한 안구를 묘사한 작품(그림 3)은 인상파가 주도했던 당시 화단 풍

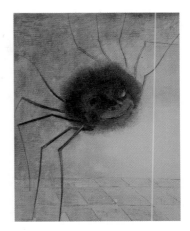

그림 1 르동, 웃는 거미, 1881년, 목탄화, 49.5×39cm 파리, 오르세 미술관

그림 2 르동, 우는 거미, 1881년, 목탄화, 49.5×37.5cm, 개인 소장

그림 3 르동, 안구 풍선, 1878년, 목탄화, 42.2×33.3cm, 뉴욕, 현대회화 미술관

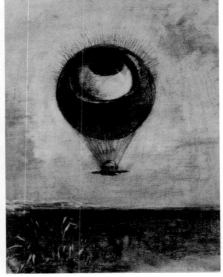

토에서는 선뜻 받아들이기 어려운 매우 그로테스크한 내용들뿐이었다.

르동 자신도 멜랑콜리하고 염세적인 성향 때문에 좀처럼 세상 밖으로 나오려 들지 않았으며, 세간의 평가에 아랑곳하지 않고 자신의 독자적인 세계를 계속 고집해 갔다. 어머니 오딜의 이름을 따라 오딜롱이라는 닉네임을 사용한 그는 자신의 몸에 흑인의 피가 흐르고 있다는 사실로 인해 남모를 열등감을 지니고 살았기 쉽다.

그런 점에서 자신의 어머니와 똑같이 루이지애나 출신의 크레올 여성을 어머니로 두었던 드가와 동질감을 느끼고 절친하게 지냈을 법도 하지만, 기묘하게도 두 사람은 서로 거리를 두고 일체 상종하지 않았으니 어쩌면 자신들의 출신 배경을 되도록 감추고 싶은 심정에서 그랬을지도 모른다.

하지만 르동이 유달리 흑백 판화에 집착했을 뿐만 아니라 마치 자신의 어머니를 연상시키는 듯이 보이는 둥글고 검은 얼굴, 커다란 눈망울을 지닌 괴물(그림 4)이나 외눈박이 괴물(그림 5), 선인장 인간(그림 6) 등의 기괴한 모습을 주로 묘사한 반면에, 드가는 주로 아름다운 백인 무희들을 대상으로 많은 작품을 남겼다.

따라서 르동이 자신의 어머니에 대해 매우 양가적이고도 모순된 태도를 지니고 있었다면, 드가는 전적으로 자신의 흑인 혈통을 부정하고 백인 우월주의적인 태도를 유지했으며, 거기에 한술 더 떠서 유대인을 차별하는 인종주의자가 되어 당시 전국을 뒤끓게 만든 드레퓌스 사건에서도 줄곧 반유대주의 입장을 고수했던 것이다.

그림 4 르동, 칼리반, 1881년, 목탄과 분필화, 47.8×37.7cm, 파리, 오르세 미술관

그림 5 르동, 사이클롭스, 1914년, 오일용 캔버스, 64×51cm, 네덜란드, 크뢸러–뮐러 미술관

그림 6 르동, 선인장 인간, 1881년, 목탄화, 49×32.5cm, 뉴욕, 우드너 패밀리 컬렉션

특히 〈선인장 인간〉을 보면 머리부터 목까지 온통 가시가 박힌 인간의 얼굴이 화분 받침대에 올라선 모습인데, 마치 가시 월계관을 쓴 고난의 예수상처럼 보이기도 하지만 얼굴의 주인공은 분명 흑인 노예나 남미 원주민에 가깝다. 짧은 머리와 커다란 눈망울, 내려앉은 콧등과 두툼한 입술, 굵은 목덜미가 여지없이 노예의 모습임을 알 수 있다.

흑백혼혈의 어머니를 연상시키는 그 모습은 르동 자신의 오랜 열등감을 반영한 것이기도 하지만, 다른 한편으로는 식물인간이나 다름없는 흑인 노예들의 시련을 부각시킴과 동시에 원시적 야만세계와 백인의 문명사회 간에 화해를 촉구하는 메시지를 담고 있는 듯이 보이기도 한다. 더욱이 르동의 아버지는 미국 남부 루이지애나에서 노예 매매를 통해 부를 쌓은 인물이었으며, 그때 만난 혼혈 여성 마리와 결혼해 르동을 낳은 것이니 부모의 그런 배경은 르동에게 두고 두고 정신적 부담으로 작용했을 것이다.

그림 7 르동, 좌측으로 어깨를 돌린 르동 부인의 초상, 1885년, 목탄화, 43.2×35.4cm, 파리, 루브르 박물관

어쨌든 평생을 독신으로 지낸 드가와는 달리 르동은 40세에 이르러 뒤늦게 결혼했는데, 그것도 자신의 어머니처럼 크레올 출신의 흑백혼혈 여성을 선택해 그런대로 행복한 부부관계를 유지해 나갔다. 그의 아내 카미유는 아들에게 무심했던 어머니와는 달리 르동을 격려하고 지지하며 자신감을 불어넣어 주었고, 대인관계에 미숙한 남편을 대신해 화상과 언론 접촉을 도맡는 등 내조에 힘썼다. 르동은 그런 부인의 초상을 남겼는데, 약간 사시처럼 보이는 눈을 지니긴 했지만, 숏 커트한 머리에 굳게 다문 입술이 매우 다부지고 야무진 여성임을 느끼게 한다(그림 7).

하지만 첫아들이 출생한 직후 사망함으로써 크게 낙심하고 우울증에 빠지기도 했던 르동은 49세 때 둘째 아들을 얻고부터 활기를 얻으며 그때부터 비로소 컬러를 사용해 꽃과 나비 등을 주제로 화려하고 다채로운 화풍을 보이기 시작했다(그림 8). 그런데 컬러를 사용하기 이전에 오로지 검은색에 집착한 것은 자신의 몸에 흑인의 피가 흐르고 있다는 열등감과 밀접한 관련이 있을 것으로 보이기도 하지만, 그 외에도 태어난 직후 부모와 떨어져 오랜 기간 고립되고 우울한 상태에 빠져 지낸 아동기의

그림 8 르동, 나비, 1910년, 오일용 캔버스, 74.9×54.8cm, 뉴욕, 현대회화 미술관

그림 9 르동, 부처, 1908년, 파스텔화, 36.4×28.7cm, 파리, 오르세 미술관

불행했던 기억이 크게 작용했기 때문일 수 있다. 그가 일찌감치 불교와 힌두교, 일본 등 동양의 철학과 미술에 관심을 기울인 것도 백인도 흑인도 아닌 제3의 인종을 이상화한 결과로 볼 수 있다(그림 9).

그림 10 르동, 자화상, 1880년, 오일용 캔버스, 46.4×33.3cm, 파리, 오르세 미술관

하지만 흑백혼혈이라는 르동의 심적 부담과 염세적인 성향은 그가 그린 자화상에서도 부분적으로 엿볼 수 있다. 특히 그가 결혼했을 당시 40세 때 그린 자화상(그림 10)을 보면, 빛을 받지 않은 한쪽 얼굴은 완전히 그늘에 가려 형체를 알아볼 수 없을 정도로 어둡게 처리해 그 윤곽이 잘 드러나 보이지 않고 있으며, 그나마 드러난 전체적인 표정도 몹시 어둡고 다소 화난 모습이기까지 하다. 반면에 세월이 흘러 60세 때의 자화상(그림 11)은 한결 평온해진 모습을 보이고 있으나 여전히 반쪽 얼굴은 어두운 그늘로 처리하고 있어 그 윤곽이 잘 드러나지 않고 있음을 알 수 있다.

그림 11 르동, 자화상, 1910년, 오일용 캔버스, 56×52cm, 개인 소장

물론 르동이 검은색을 주로 선택한 것은 보이지 않는 세계를 상징하는 데 가장 적합한 색이라고 여겼기 때문일 수도 있겠지만, 그 자신의 은밀한 내면적 갈등상황을 묘사하는 일에 일생을 바친 르동으로서는 햇빛에 반사되어 나타나

는 컬러의 세계보다 자신의 어두운 내면 세계를 묘사하고픈 충동에 더욱 크게 내몰렸기 쉽다. 그런 점에서 르동은 초현실주의로 가는 길에 가장 최초로 물꼬를 터준 대표적인 상징주의 화가라 할 수 있다. 76세의 고령에 이른 그는 자신의 분신처럼 아끼던 아들이 제1차 세계대전에 참전해 전선으로 떠난 후 소식이 끊기게 되자 아들의 행방을 찾으며 홀로 애태우다 병을 얻어 세상을 뜨고 말았다.

모네

인상파 미술의 창시자로 꼽히는 클로드 모네 Claude Monet, 1840-1926는 파리에서 태어났으나 노르망디의 항구도시 르아브르에서 주로 어린 시절을 보냈다. 소년기에 이미 부댕에게서 미술지도를 받은 그는 파리에 진출해 마네, 드가, 르누아르, 피사로 등과 어울리며 새로운 화풍을 시도하는 작업에 몰두했으나 처음에는 화단으로부터 심한 냉대를 당해 오랜 기간 무명화가로 지내야 했다.

인상파라는 말은 수시로 변하는 야외 광선에서 받은 인상을 그대로 화폭에 옮긴 1872년 작 〈인상, 해돋이〉에 대해 쏟아진 비평가들의 혹평에서 비롯된 용어였는데(그림 1), 모네는 일생동안

그림 1 모네, 인상, 해돋이, 1872년, 오일용 캔버스, 50×65cm, 파리, 마르모탕 미술관

빛의 변화에 집착해 작업을 한 결과 말년에는 시력에 많은 손상을 입었다. 자신의 집 정원에 있는 연못에 핀 수련을 대상으로 그린 〈수련〉 연작이 특히 유명하다(그림 2).

그림 2 모네, 수련, 1916년, 오일용 캔버스, 200×200cm, 일본 도쿄, 국립서양미술관

소년시절 어머니가 일찍 세상을 뜨자 친척 집에 맡겨져 지낸 모네는 19세 때 아버지의 반대를 무릅쓰고 화가가 되기로 결심하고 파리로 진출했지만, 전통적인 화풍을 무시하고 자기만의 독특한 화법을 고집하는 바람에 좀처럼 화단의 인정을 받지 못해 가난에 허덕여야만 했다. 무명시절 그는 자신의 작품 〈녹색 옷을 입은 여인〉의 모델이기도 했던 카미유 동시외와 결혼해 아들 장을 낳았는데, 보불전쟁 시에는 잠시 런던으로 이주해 살기도 했다. 그녀는 모네의 〈풀밭 위의 점심식사〉에도 등장하지만(그림 3), 〈카우치의 모네 부인〉에 드러난 그녀의 모습은 매우 차분하고 조용한 성품의 여인임을 보여 준다(그림 4).

그림 3 모네, 풀밭 위의 점심식사, 1866년, 오일용 캔버스, 248×217cm, 파리, 오르세 미술관

그림 4 모네, 카우치의 모네 부인, 1871년, 48×75cm, 파리, 오르세 미술관

그림 5 모네, 카미유 모네의 임종, 1879년, 오일용 캔버스, 68×90cm, 파리, 오르세 미술관

그러나 모네와 카미유는 매우 궁핍한 생활에 허덕여야 했는데, 설상가상으로 카미유는 지병인 폐결핵으로 고생하던 중에 자궁암 진단까지 받고 제대로 손을 써 보지도 못한 상태에서 32세라는 젊은 나이로 세상을 뜨고 말았다. 그녀를 깊이 사랑했던 모네는 자신의 성공을 보지도 못하고 고생만 하다가 눈을 감은 카미유의 죽음 앞에 하늘이 무너지는 슬픔과 절망감에 빠진 나머지 죽은 아내의 얼굴을 화폭에 담기까지 했는데, 두 번 다시 볼 수 없게 된 그녀의 모습을 영원히 간직하고픈 소망 때문이었으리라(그림 5).

카미유를 잃고 난 후 모네는 심기일전해 계속해서 필생의 걸작들을 그리기 시작했는데, 그의 강력한 후원자였던 에르네스트 오셰데가 파산선고를 받고 벨기에로 도주해 버리자 혼자 6남매를 키우던 오셰데의 아내 알리스가 모네의 두 아들까지 맡아 보살펴 주었다. 그 후 모네와 알리스는 서로 사랑하는 사이가 되고 두 사람은 지베르니에 있는 모네의 집에서 함께 동거하며 그 많은 자녀를 키우다가 1892년 오셰데가 사망하자 곧바로 결혼했다. 모네의 작품 〈뱃놀이〉는 알리스가 데리고 온 두 딸의 한가한 모습을 담고 있는 걸작이다(그림 6).

하지만 1911년 알리스가 죽자 그녀의 딸 블랑슈가 어머

그림 6 모네, 뱃놀이, 1887년, 오일용 캔버스, 145×132cm, 일본 도쿄, 국립서양미술관

니를 대신해 백내장으로 시력이 나빠진 모네를 돌봤다. 블랑
슈는 모네의 아들 장과 혼인했지만, 장은 아버지보다 먼저
1914년에 사망했다. 말년에 이르러 두 차례 백내장 수술을
받은 모네는 색채 감각의 변화로 애를 먹으면서도 작품 활동
만큼은 꾸준히 계속했다. 그는 비록 폐암으로 세상을 떴지만
그래도 86세까지 장수했다.

그림 7 모네, 베레모를 쓴 자화상, 1886년,
오일용 캔버스, 55×46cm, 개인 소장

모네는 자화상을 거의 그리지 않았지만, 첫 아내가 세상을
뜬 후 알리스와 동거하던 40대 중반 시절에 그린
자화상에서 보듯이 매우 온화하고 내성적인 성격
의 소유자임을 알 수 있다(그림 7). 다소 우수에 찬 모습이긴 하나 베레
모를 쓰고 정면을 응시하는 그의 시선에서 자신을 알아주지 않는 세
상에 대한 원망이나 분노의 기색은 보이지 않는다. 오
히려 일종의 체념과도 같은 초연함이 느껴진다.

그림 8 르누아르, 모네의
초상, 1872년, 오일용 캔버
스, 65.1×49.4cm, 미국 워
싱턴, 국립미술관

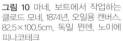

그림 10 마네, 보트에서 작업하는
클로드 모네, 1874년, 오일용 캔버스,
82.5×100.5cm, 독일 뮌헨, 노이에
피나코테크

그림 9 르누아르, 모네의
초상, 1875년, 오일용 캔버
스, 84×60.5cm, 파리, 오
르세 미술관

부드러운 시선과 턱수염을 통해 느껴지는 그의 다
정다감해 보이는 30대 중반의 모습은 절친한 동료였
던 르누아르와 마네가 그린 모네 초상화를 봐도 알 수
있는데(그림 8~10), 그런 온화한 모습은 환갑에 이른 말
년의 실제 모습과도 크게 다르지 않아 보인다.

　　그러나 70대 말에 그린 모네의 자화상은 매우 거칠고 난삽해 보이는 화필로 손질되어 있는데, 어찌 보면 마치 자신의 영정사진을 대신하듯이 마지막 모습을 화폭에 담은 것처럼 보이기도 한다(그림 11). 나이 80세를 바라보는 노화가가 거울에 비친 자신의 늙고 무기력한 모습을 지켜보며 과연 어떤 심정이었을지 눈에 선하다.

그림 11 모네, 자화상, 1917년, 77×55cm, 파리, 오르세 미술관

　　일찍 어머니를 잃었기 때문인지 모네는 자신의 두 아내 모두 매우 심성이 착하고 헌신적인 여성들을 배우자로 선택했는데, 모정의 상실에 대한 보상을 얻기 위한 동기가 크게 작용한 것으로 볼 수 있다. 어쨌든 그는 비록 두 아내를 먼저 떠나보내는 아픔을 겪었지만, 평생 동안 그가 추구했던 따사로운 빛의 신비로움이야말로 어머니의 부드러운 잔영을 찾으려는 무의식적 소망을 드러낸 것이 아니었을까.

르누아르

피에르 오귀스트 르누아르Pierre Auguste Renoir,
1841-1919는 프랑스를 대표하는 인상주의 화가로
우아하고 단아한 여성의 미를 화려한 색채로 묘
사한 작품들이 특히 유명하다(그림 1). 파리에서 가난한 재봉사의 아들로 태어난
르누아르는 소년시절부터 도자기 공방에서 직공으로 일하다가 화가가 되기로
작심하고 그림을 배우기 시작했다. 그는 인상파 화가 중에서 가장 아름답고 화
려한 색조로 자연미를 이끌어 낸 인물로 손꼽힌다.

그림 1 르누아르, 두 자매, 1881년, 오일용 캔버스, 100×80cm, 미국
시카고 미술연구소

하지만 데뷔 시절인 20대에는 물감을
살 돈조차 없을 정도로 가난에 허덕였으
며, 보불전쟁의 여파로 그런 사정은 더욱
심해졌다. 심지어 그는 30세 무렵 센 강변
에서 그림을 그리고 있을 때, 파리코뮌 지

지자들에 의해 스파이로 오인되어 강물에 내던져질 위험에 처하기도 했는데, 마침 그를 알고 있던 지도자에 의해 간신히 목숨을 건지기도 했다.

어쨌든 원색을 이용한 그의 화려하고도 선명한 색채로 인해 색채화가로도 불린 르누아르는 특히 적색을 즐겨 사용했는데, 30대 중반에 이르도록 좀처럼 인정을 받지 못해 애를 먹기도 했다. 40세 무렵 알제리와 이탈리아를 여행한 그는 시실리 섬의 팔레르모에서 독일의 작곡가 바그너를 만나 그의 초상화를 그려 주었는데, 불과 30분 만에 작품을 완성했다고 한다. 하지만 알제리 여행에서 얻은 폐렴 후유증으로 그는 평생 동안 허약한 기관지 때문에 고생을 감수해야만 했다.

르누아르는 후기로 갈수록 누드화에 몰두하는 모습을 보였는데, 50대에 발병한 류머티즘과 신경통으로 20년 가까이 고생한 그는 말년에 이르러 휠체어 신세를 져야 할 정도로 거동에 불편을 겪었다. 설상가상으로 손과 어깨에 심한 기형까지 겹쳐 작업에 애를 먹었던 그는 결국에는 붓을 붕대로 감아 손에 부착하고 작업할 수밖에 없었으며, 그런 이유 때문에 본의 아니게 화풍에도 변화를 보여 과거의 세밀한 붓터치는 그 모습을 감추고 말았다(그림 2).

그림 2 르누아르, 목욕하는 여인들, 1918-1919년, 오일용 캔버스, 110×160cm, 파리, 오르세 미술관

르누아르는 생전에 많은 자화상을 남겼는데, 30대에 그린 그의 자화상은 한창 혈기왕성한 나이임에도 불구하고 매우 의기소침한 모습이다. 수척한 얼굴은 피곤에 지친 듯한 기색이 역력하다(그림 3). 화면의 배경 역시 어둡고 신경질적인 얼굴 표정에 어울리는 음침한 색조로 이루어져 있어서 마치 어두운 동굴 안에 서 있는 것으로 착각할 정도다. 평소 기관지가 약한 데다 좀처럼 화단의 인정을 받지 못해 전전긍긍할 때의 모습이라는 점을 감안한다면 그의 침울한 심경을 이해할 수 있겠다. 그래도 이듬해에 그린 또 다른 자화상에서는 부드럽고 온화한 색조에 그나마 살짝 미소를 머금고 있다(그림 4).

그림 3 르누아르, 자화상, 1875년, 오일용 캔버스, 39.1×31.6cm, 미국 매사추세츠 윌리엄스타운, 스털링 앤 프랜신 클라크 미술 연구소

그림 4 르누아르, 자화상, 1876년, 오일용 캔버스, 71×55cm, 미국 하버드대학, 포그 미술관

197

반면에 30대 후반의 자화상에서는 자신의 모습을 몹시 불투명한 형태로 묘사하고 있어서 마치 유령처럼 보이기도 한다(그림 5). 그때까지도 여전히 세상의 주목을 받지 못하고 있는 자신의 모습이 그런 유령과 같은 존재로 여겨졌기 때문일까. 어쨌든 그 후부터 보다 밝고 선명한 색조의 화풍으로 변화를 보이기 시작하면서 르누아르는 비로소 세상의 인정을 받기 시작했다.

그림 5 르누아르, 자화상, 1879년, 오일용 캔버스, 61×51cm, 파리, 오르세 미술관

40대에 접어들어 매우 선명한 색조를 띠게 되면서 그때부터 대중의 사랑을 받고 세상에 널리 알려지기 시작한 르누아르는 당시 그가 그린 〈선상 파티의 점심〉을 통해 인상주의를 대표하는 거장의 반열에 오르게 되었는데, 그림 좌측에 강아지를 안고 있는 젊은 여성 알린은 나중에 르누아르의 아내가 되었다(그림 6). 나이 오십을 바라보는 나이에 뒤늦게 20년 연하의 알린과 결혼한 그는 비로소 안정을 되찾고 가족을 모델로 많은 작품을 그리기도 했다.

그림 6 르누아르, 선상 파티의 점심, 1880-1881년, 오일용 캔버스, 129.9×172.7cm, 미국 워싱턴, 필립스 미술관

따라서 50대 말에 이른 르누아르의 자화상에서는 신경
질적인 모습이 사라지고 오히려 매우 덤덤하고 평온한 모
습을 보이고 있는데, 인자하고 너그러운 노신사의 풍모를
지니고는 있지만, 실제보다 나이가 훨씬 더 들어 보이는
것은 고질적인 신경통으로 인한 작업 스트레스 때문일 것
이다(그림 7). 하지만 그런 역경에도 불구하고 르누아르의
창작 의욕은 결코 멈추는 법이 없었다.

그림 7 르누아르, 자화상, 1899년, 오일용 캔버스,
41.4×33.7cm, 미국 매사추세츠 윌리엄스타운, 스
털링 앤 프랜신 클라크 미술관

반면에 69세 때 그린 자화상은 오히려 화려한 붉은 색상을 배경으로 모자와
스카프를 두른 멋쟁이 차림의 노인으로 등장하는데, 적색화가라는 명성에 걸맞
게 얼굴도 붉게 칠하고 있다. 정면을 응시하는 화가의 시선은 다소 수척한 광대
뼈 사이에서도 여전히 초롱초롱 빛나고 있다(그림 8).
그러나 같은 시기에 그려진 또 다른 자화상에서는 녹
색 배경에 정면이 아니라 옆으로 돌아선 프로필 모습
으로 자신의 표정을 드러
내지 않고 있는데, 선명한
색조의 전작에 비해 다소
불투명한 색상으로 그려
졌다(그림 9).

그림 8 르누아르, 자화상, 1910년, 오일용 캔버
스, 38.1×45.7cm, 파리, 다니엘 말링 미술관

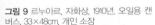

그림 9 르누아르, 자화상, 1910년, 오일용 캔
버스, 33×48cm, 개인 소장

　말년에 이르러 남불 해안에 머물며 주로 누드화에 집착한 그는 전성기 때 보인 화려함과 정교함을 잃고 흐릿한 형태에 매우 난삽한 터치로 일관하고 있는데, 아마도 그것은 고질적인 관절염과 신경통으로 인해 손을 자유롭게 놀릴 수 없게 된 데서 그 이유를 찾을 수 있을 것 같다.

　심지어 그는 거동이 불편해지자 좌우로 이동이 가능한 캔버스를 이용해 작업한 것으로 알려졌는데, 따라서 작업시간도 느려지고 붓의 활동 역시 매우 부자유스러웠을 것이다. 그럼에도 그는 의자에 앉은 자세로 쉬지 않고 작업을 계속해 나갔다. 말년에 그린 자화상에서도 보듯이 기력이 쇠진한 그는 몹시 흔들리는 붓 터치로 인해 자신의 형상을 그리는 데도 매우 힘겨워했음을 알 수 있다.

1910년, 르누아르

　르누아르는 세 아들을 두었는데, 장남 피에르는 배우가 되었고, 차남 장 르누아르는 영화감독으로 성공했으며, 막내 클로드는 화가가 되었다. 피에르의 아들 클로드 르누아르 역시 영화감독이 되었다. 특히 영화 〈위대한 환상〉, 〈프렌치 캉캉〉, 〈게임의 규칙〉 등으로 유명한 장 르누아르 감독은 아버지의 일대기를 다룬 《나의 아버지 르누아르》를 책으로 출간해 아버지에 대한 그리움을 드러내기도 했다.

장 르누아르의 책 《나의 아버지 르누아르》

앙리 루소

생전에 인정받지 못한 불운의 화가 앙리 루소Henri Rousseau, 1844–1910는 가난한 배관공의 아들로 태어나 25년간 파리 세관에서 세관원으로 근무하다 40대 초반의 뒤늦은 나이에 그림을 그리기 시작한 아마추어 화가로 정규적인 미술 교육을 받지 않고 오로지 독학으로 주말에만 그림을 그렸기 때문에 일요화가의 효시로 꼽히기도 한다.

처음부터 루소의 화풍은 화단으로부터 조소의 대상이 되었는데, 그 이유는 그의 대표작 〈잠자는 집시 여인〉, 〈뱀을 부리는 여인〉 등에서 보듯이 사실과 동떨어진 비현실적인 주제와 원시적이고도 매우 유아적인 환상의 세계를 드러내는 동시에 매우 어색한 인체 비례를 통해 보여 주는 서툰 기법과 투박함 때문이었다(그림 1).

그림 1 루소, 잠자는 집시 여인, 1897년, 오일용 캔버스, 129.5×200.7cm, 뉴욕 현대미술관

그런 특이함 때문에 그는 소박파로 불리기도 하지만, 입체파의 선구자 가운데 한 사람으로 꼽히기도 한다. 그는 비록 나이 60세가 넘어서 뒤늦게 피카소의 인정을 받기는 했으나 생전에는 빛을 보지 못하고 사후에 가서야 비로소 그의 진가를 인정받기 시작했다.

루소는 화단의 인정을 제대로 받지 못했을 뿐만 아니라 가정적으로도 매우 가난하고 불행한 삶을 겪었는데, 25세 때 결혼한 10년 연하의 클레망스는 여섯 자녀를 낳고 35세라는 젊은 나이로 일찍 세상을 떴으며, 여섯 자녀 가운데서도 다섯 명을 잃고 오로지 한 아이만 살아남았다.

부인과 사별한 루소는 10년 세월을 혼자 지내다 55세에 이르러 과부인 조세핀과 재혼했지만, 그녀 역시 4년 뒤에 세상을 뜨고 말았다. 이처럼 연이은 상실의 아픔을 겪으며 마음고생을 했던 루소는 결국 세상의 인정을 제대로 받지도 못한 채 발에 생긴 괴저로 인해 파리의 한 자선병원에서 수술을 받은 직후 66세를 일기로 쓸쓸히 생을 마감했다.

그림 2 루소, 자화상, 1890년, 오일용 캔버스, 146×113cm, 체코 프라하, 국립미술관

40대 중반에 그린 루소의 자화상을 보면 다리가 있는 강변을 배경으로 빵떡모자를 눌러쓴 루소가 무표정한 얼굴로 붓과 팔레트를 손에 든 채 홀로 외롭게 서 있는 모습을 보이고 있는데, 만국기를 달고 떠 있는 배뿐 아니라 강변에 서 있는 사람들이 마치 소인국의 난쟁이들처럼 보이는 반면에 길 한가운데 우뚝 서 있는 루소는 거대한 몸집의 거인처럼 보인다(그림 2).

그림 3 루소, 화가와 모델, 1900~1905년, 오일용 캔버스, 46.5×55.5cm, 파리, 퐁피두 센터 현대미술관

이처럼 모순되고 상식에 어긋나는 인물 배치는 당연히 매우 어색해 보이지만, 아마도 그것은 화단에서 제대로 인정받지도 못하고 변방을 서성거리기만 하는 자신의 초라한 모습을 역설적으로 뒤집어 표현한 것이 아닐까 한다. 반면에 첫 아내를 잃고 오랜 기간 홀아비 신세로 지내다가 모처럼 재혼한 부인 조세핀을 모델로 그린 〈화가와 모델〉에서 그는 자신의 모습을 아주 작고 초라한 모습으로 묘사하고 있는데, 뭔가 어색하게 보이는 것은 여전함을 알 수 있다(그림 3). 조세핀의 보다 자세한 얼굴 모습은 그녀의 초상화를 통해 엿볼 수 있는데 나이가 몹시 들어 보인다(그림 4).

그림 4 루소, 조세핀의 초상, 1900~1903년, 오일용 캔버스, 23×19cm, 파리, 피카소 미술관

그 외에도 루소는 외진 숲속에 홀로 앉아 악보를 보며 오케스트라 지휘자의 흉내를 내고 있는 자화상을 통해서, 그리고 원시림 한가운데 호랑이 등에 올라탄 루소가 마치 천진스러운 아이처럼 악기를 연주하며 즐기고 있는 모습을 그린 자화상 등을 통해 다소 어색한 모습이긴 하지만 세상에서 고립된 자신의 처지를 잘 드러내고 있다. 그것은 마치 어린아이처럼 순진무구한 모습이면서도 세상을 지배하고픈 유아적 환상을 암시하는 것일 수도 있다. 그만큼 그는 세상에서 소외당하며 외롭게 살았기 때문이다.

그림 5 루소, 자화상, 1903년, 오일용 캔버스, 23×19cm, 파리, 피카소 미술관

자신의 모습을 보다 더 직설적으로 표현한 자화상을 보면, 짙은 눈썹과 콧수염을 한 루소의 얼굴을 보여 주고 있는데, 굵은 턱과 대머리 사이에 놓인 커다란 콧잔등, 그리고 드넓은 이마를 가로지르는 굵은 주름으로 인해 매우 점잖은 노신사의 풍모를 느끼게 하지만, 그의 표정은 뭔가 공허하고 외로워 보이기까지 한다(그림 5). 온갖 풍상을 다 겪은 루소의 인간적인 면모뿐 아니라 마음을 비운 듯하지만 그래도 아직 뭔가 미련이 남아 있는 아쉬움을 읽을 수 있다.

생전에 루소의 재능을 인정했던 시인 아폴리네르는 루소가 죽기 일 년 전에 그린 〈시인에게 영감을 주는 뮤즈〉를 구입했는데, 이 작품은 아폴리네르와 그

그림 6 루소, 시인에게 영감을 주는 뮤즈, 1909년, 오일용 캔버스, 146×97cm, 스위스 바젤 미술관

의 애인 마리 로랑생을 모델로 두 남녀가 열대림 숲 한 가운데 정겹게 서 있는 모습을 그린 것이다. 아폴리네르는 곤경에 처한 루소를 돕기 위해 일부러 거금을 들여 사들인 것이지만, 실제로 루소는 그 돈을 제대로 써 보지도 못하고 세상을 하직하고 말았다(그림 6). 루소의 죽음을 안타까워한 아폴리네르는 그의 죽음을 애도하는 시를 써서 그의 묘비에 새겨 놓기도 했다. 루소의 초라한 장례식에는 단 7명의 동료들만 참석했는데, 피카소는 무슨 이유에서인지 참석하지 않았다.

루소는 말년에 이르러 정글에서 벌어지는 약육강식의 비정한 모습을 담은 일련의 정글의 법칙 연작 시리즈를 그렸는데, 사자와 호랑이, 표범, 고릴라 등의 야수로부터 공격당하는 악어, 들소, 백마, 흑인과 인디언 등을 등장시킴으로써 세상으로부터 철저히 무시당한 자신의 설움을 우회적으로 드러내기도 했다(그림 7, 8).

그림 7 루소, 호랑이와 들소의 싸움. 1908년, 오일용 천, 170×189.5cm, 미국 클리블랜드 미술관

그림 8 루소, 표범에게 공격당한 말, 1910년, 오일용 캔버스, 80×116cm, 모스크바, 푸시킨 미술관

고흐

네덜란드의 천재 화가 빈센트 반 고흐 Vincent van Gogh, 1853-1890는 생전에는 인정을 받지 못하고 가난과 정신질환에 시달리며 불행한 삶을 살다가 결국에는 총기 자살로 37세라는 아까운 나이로 생을 마감한 비운의 화가였다. 하지만 사후 고흐의 존재는 새롭게 재평가 받으면서 19세기뿐만 아니라 서양미술사에서 가장 위대한 화가의 한 사람으로 우뚝 서게 되었다. 그는 자살로 생을 마감하기까지 10년이라는 짧은 기간 동안에 무려 900점에 달하는 많은 작품을 남겼는데, 1,000점이 넘는 습작까지 합하면 그의 유작은 2,000점에 달한다.

고흐의 눈과 붓을 통해 묘사된 현실은 불타듯 이글거리는 자연의 모습인데, 그것이 자연이든 정물이든 또는 인물이든 상관없이 거칠게 흔들리며 휘몰아치는 고흐 자신의 내적 혼란을 그대로 반영한 것으로 보인다. 물론 어떤 이는 그것을 측두엽 간질의 증세 탓으로 돌리는가 하면, 또 어떤 이들은 고흐의 광기 때문이라고 주장하기도 하지만 정확한 배경은 알 수가 없다.

어쨌든 고흐의 자화상 가운데 가장 대표적인 작품으로 꼽히는 잘린 귀에 붕

그림 1 고흐, 붕대 감은 자화상, 1889년, 오일용 캔버스, 60×49cm, 런던, 커톨드 미술관

대를 감은 자화상은 두터운 외투와 털모자 차림에 무표정한 얼굴로 조용히 앉아 있는 고흐의 모습을 보여 주고 있는데, 실로 보는 이의 가슴을 아프게 한다(그림 1). 광기에 시달리면서도 그런 자신의 모습을 거침없이 화폭에 옮긴 화가의 열정과 집념이 실로 대단하다고 할 수밖에 없다.

실제로 당시 고흐는 극도의 피해망상과 환각에 사로잡힌 상태에 있었으며,

그림 2 고흐, 자화상, 1889년, 오일용 캔버스, 51×45cm, 오슬로 국립미술관

고갱과의 불화가 그의 광기를 더욱 부채질한 것으로 보인다. 고흐가 보인 편집증적 광기는 그 시절에 그린 자화상을 통해서도 실감할 수 있는데, 의심에 가득 찬 눈초리가 보는 이의 가슴을 철렁 내려앉게 할 정도로 결코 예사로운 눈빛이 아님을 알 수 있다(그림 2).

아를르에서 고갱과 공동생활을 하던 시기에 그와 말다툼 끝에 발작을 일으킨 고흐가 흥분을 이기지 못한 나머지 자신의 귀를 면도칼로 자른 후 그것을 신문지에 싸서 사창가로 달려가 한 매춘부에게 잘 보관하라고 맡기기도 했는데, 당시 수시로 창녀촌을 찾아 외로움을 덜기도 했던 고흐는 자신보다 창녀들에게 인기가 많았던 고갱에 대해 매우 강한 질투심을 느꼈다고 한다. 그런 광기는 결국 총기 자살로 이어져 끝내 비극적인 생을 마감하고 말았던 것이다.

고흐는 1886년에서 1889년에 이르는 3년 동안에 모두 37점에 달하는 많은 자화상을 남겼지만, 거의 대부분이 우울과 분노, 고독과 절망에 가득 찬 모습을 보여 준다. 특히 이글거리는 태양처럼 흔들리는 강렬한 붓 터치로 처리된 자화상의 배경은 매우 불안정한 고흐 자신의 정서적 상태를 여실히 드러낸다. 또한 뚫어질 듯 노려보는 그의 시선은 편집증적 의심에 가득 찬 그의 망상적 심리상태를 엿보게 하기도 한다.

1887년에서 1888년에 걸쳐 가장 많은 자화상을 남긴 고흐는 수염을 기른 가느다란 턱과 다소 일그러진 형태의 두상을 한 초췌한 모습으로 정면을 노려보고 있는데, 그 시선은 의심과 분노에 가득 찬 눈빛으로 말 한마디 잘못 걸었다가는 무슨 봉변을 당할지 모를 모습이다. 몹시 화가 난 듯이 보이는 표정뿐 아니라 붓의 터치도 거칠기 짝이 없으며, 그 배경 역시 매우 어둡고 침울한 분위기로 묘사하고 있다(그림 3~6).

그림 3 고흐, 자화상, 1887년, 오일용 캔버스, 41×34cm, 미국 하트포드, 워즈워스 아테니엄

그림 4 고흐, 회색 펠트 모자를 쓴 자화상, 1887년, 카드보드에 유채, 41×32cm, 암스테르담, 국립미술관

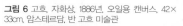

그림 6 고흐, 자화상, 1886년, 오일용 캔버스, 42×33cm, 암스테르담, 반 고흐 미술관

그림 5 고흐, 자화상, 1887년, 카드보드에 유채, 42×33.7cm, 시카고 미술연구소

고흐는 특히 노란색을 즐겨 선호한 화가로 알려져 있기도 한데, 그의 해바라기 정물화는 그중에서도 가장 대표적인 작품이라 할 수 있으며, 자신이 즐겨 앉던 의자도 노란색으로 표현했다(그림 7, 8). 물론 노란색은 따스한 햇살을 연상시켜 안락함을 선사하기도 하지만, 색채심리 측면에서 보자면 불안과 두려움, 초조함, 신경과민 상태를 나타낸다는 점에서 고흐 자신의 불안정한 심리를 드러낸 것으로 볼 수 있다.

그림 7 고흐, 해바라기, 1888년, 오일용 캔버스, 93×73cm, 런던 국립미술관

그림 8 고흐, 고흐의 의자, 1888년, 오일용 캔버스, 92×73cm, 런던 국립미술관

고흐는 노란색 밀짚모자를 쓴 일련의 자화상 시리즈에서 보듯이 노란색 밀짚모자를 쓰고 있을 뿐만 아니라 자신의 수염마저도 노란색으로 덧칠한 모습을 보여 주는데, 몹시 흔들리는 붓 터치로 인해 그의 심리적 상태가 더욱 혼란스러운 지경에 이르렀음을 암시한다(그림 9, 10). 아를르 시절에 그가 살던 집도 '엘로우 하우스'로 부를 정도로 고흐는 유달리 노란색에 대해 강한 집착을 보였다(그림 11).

그림 9 고흐, 밀짚모자를 쓴 자화상, 1887년, 오일용 판지, 41×33cm, 암스테르담, 반 고흐 미술관

그림 10 고흐, 밀짚모자를 쓴 자화상, 1887년, 오일용 캔버스, 36×27cm, 미국 디트로이트 미술 연구소

그림 11 고흐, 엘로우 하우스, 1888년, 오일용 캔버스, 76×94cm, 암스테르담, 반 고흐 미술관

아를르 시절에 그린 자화상 가운데 머리를 짧게 깎아 마치 해골처럼 보이는 모습으로 등장하는 작품도 있는데, 고흐는 이 그림을 고갱에게 선물했다(그림 12). 이 시기에 그 유명한 '붕대 감은 귀의 자화상'을 2점 그렸으며, 그중 하나는 곰방대를 물고 있는 모습을 하고 있다(그림 13). 아를르 시절은 고흐의 생애 최악의 시점으로 극도의 편집증적 불안과 의심에 사로잡힌 나머지 정신병원을 수시로 드나들게 되었는데, 당시 그가 그린 자화상에서 보듯이 고흐의 표정은 매우 어둡고 절망적인 상태였음을 알 수 있다(그림 14).

그림 12 고흐, 고갱에게 바친 자화상, 1888년, 오일용 캔버스, 62×52cm, 미국 하버드대학 포그 미술관

그림 14 고흐, 자화상, 1888년, 오일용 캔버스, 65×51cm, 암스테르담, 반 고흐 미술관

그림 13 고흐, 곰방대를 문 자화상, 1888년, 오일용 캔버스, 51×45cm, 개인 소장

당시 고갱과의 마찰로 발작을 일으킨 나머지 정신병원에 입원한 고흐는 혼자 자는 것을 거부하고 다른 환자들과 함께 잠을 자겠다고 떼를 쓰는가 하면, 간호사의 뒤를 쫓아다니며 어린애처럼 조르기도 했는데, 그런 퇴행적인 행동은 어린 시절에 보였던 분리불안separation anxiety을 그대로 재연한 듯이 보인다. 더군다나 그는 병동에 놓인 석탄 양동이를 자주 씻는 이상한 행동을 보였는데, 그것은 마치 종교적인 속죄의식을 치르는 행동처럼 보이기도 한다.

그림 15 고흐, 자화상, 1889년, 오일용 캔버스, 65×54cm, 파리, 오르세 미술관

정신병원에서 퇴원한 후 생 레미에 있는 수도원 자리에 거처를 마련한 고흐는 그곳에서 3점의 자화상을 남겼는데, 청색 바탕의 이글거리는 화면에 노란색으로 그려진 얼굴의 자화상에서는 굳게 다문 입과 적개심에 불타는 시선으로 보아 여전히 몹시 침울한 상태에 있음을 알 수 있게 한다(그림 15). 하지만 이 시기에 그린 자화상에서는 잘린 귀의 모습을 감추고 있다(그림 16). 고흐는

그림 16 고흐, 자화상, 1889년, 오일용 캔버스, 57×44cm, 개인 소장

여기서 그 유명한 〈별이 빛나는 밤〉을
그렸다(그림 17). 검은 파도처럼 출렁이
는 밤하늘이 고흐의 혼돈에 빠진 심경
을 대변해 주는 느낌이다. 고흐의 마
지막 자화상은 1889년 말에 그린 것으
로 어머니 생일선물로 드린 것이지만,
그의 시선은 여전히 원망감에 가득 차
있어 보인다(그림 18).

그림 17 고흐, 별이 빛나는 밤, 1889년, 오일용 캔버스, 74×92cm, 뉴욕, 현대미술관

그림 18 고흐, 자화상, 1889년, 오일용 캔버스, 40×31cm, 개인 소장

네덜란드의 준데르트에서
개신교 목사의 아들로 태어난
고흐는 어려서부터 매우 내성
적인 성격으로 어린아이답지
않게 생각이 깊고 진지했으며
때로는 심각하기까지 했다. 반
면에 그의 동생 테오는 매우 침
착하고 현실적인 사고방식의
소유자로 현실에 적응하지 못

하고 정신착란에 빠진 형을 죽을 때까지 헌신적으로 돌보다가 고흐가 세상을 떠나자 곧바로 숨을 거두었는데, 이들 형제는 죽어서도 사이좋게 나란히 묻혔다. 한때 피해망상에 젖어 있던 고흐는 동생마저 자신을 이용하려 든다며 의심하기도 했지만, 평소에는 동생의 초상화를 그려 줄 정도로 사이가 좋았는데, 테오의 모습이 고흐와 너무도 많이 닮아서 그런 이유로 이 그림이 오랜 기간 고흐 자신의 자화상으로 잘못 알려지기도 했다(그림 19).

그림 19 고흐, 테오 반 고흐의 초상, 1887년, 카드보드에 유채, 19×14cm, 암스테르담, 반 고흐 미술관

고흐는 젊은 시절 한때 아버지처럼 목사가 되고자 꿈꾸기도 했으나, 결국 신학교를 중퇴하고 광산촌에 들어가 설교활동을 벌이기도 했다. 하지만 원래 고집불통에 융통성이 전혀 없던 그는 주민들과 마찰을 일으킨 끝에 그 일마저 그만두게 되었다. 동생 테오의 권유로 화가의 길로 들어섰으나 유달리 고집이 센 고흐는 화랑에 근무하면서도 고객들과 잦은 언쟁을 벌였으며, 게다가 아이들이 딸린 매춘부와 혼인하겠다고 고집을 부려 가족의 애를 먹이기도 했다.

어려서 집을 떠나기를 몹시도 두려워했던 고흐가 그토록 매춘부에 집착을 보인 것은 단순히 성적 욕구의 해소라는 차원보다는 어쩌면 신성시한 어머니에

대한 접근의 두려움 때문이었기 쉽다. 프로이트
는 그런 경우를 레오나르도 다 빈치의 분석에서
마돈나-창녀 콤플렉스로 불렀지만, 한때 목사를
꿈꾸기까지 했던 고흐였음을 상기해 본다면, 성
스러움과 세속적인 욕망 사이에서 극심한 갈등
과 고통을 겪으며 지냈음을 알 수 있다. 성모 마
리아처럼 신성하고 거룩한 어머니를 포기하는
대신 죄책감을 느끼지 않아도 될 창녀를 선택함
으로써 자신의 은밀한 근친상간적 욕구를 대리
충족시킨 셈이다. 고흐는 그토록 신성하고 자애
로운 어머니의 모습을 화폭에 담았는데, 자살하
기 2년 전에 그린 작품이다(그림 20).

그림 20 고흐, 어머니의 초상, 1888년, 오일용 캔버스, 40.5×
32.5cm, 미국 파사데나, 노턴 사이먼 미술관

　　그런데 신기한 점은 광기에 사로잡힌 상태의 고흐가 평소에 보인 거칠게 흔
들리는 붓 터치의 특성을 어머니의 초상화에서는 전혀 드러내지 않고 있다는
사실이다. 과연 말년에 그린 고흐의 작품이 맞을까 의심이 들 정도로 매우 온화
하고 안정적인 모습을 하고 있기 때문이다. 이는 결국 그가 마음만 먹으면 얼마
든지 차분한 모습으로 붓 터치를 할 수 있었다는 얘기가 된다. 더군다나 자신의
신성한 존재인 어머니를 화폭에 담는 작업일진대 아무리 정신이 혼미한 상태였

다 하더라도 온갖 정성을 다 기울여 경건한 자세로 작품에 집중했을 것으로 보인다.

결국 37세라는 젊은 나이로 아깝게 생을 마감한 고흐는 일생 동안 애정에 굶주린 정서적 불안정과 분리불안에 따른 의존성 문제로 고통받은 셈인데, 그에게는 어머니의 사랑을 대신해 무한대의 사랑을 베풀어 줄 수 있는 이상적인 여성이 주어지지 않았다는 점에서 더욱 큰 불행의 나락에 빠져들게 한 것으로 보인다. 실제로 고흐에게는 여복이 지지리도 없었다. 그는 숱하게 사랑을 구걸하고 때로는 막무가내 식으로 스토킹을 하기도 했지만 번번이 퇴짜를 맞았다.

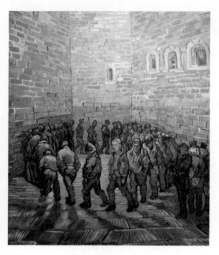

그림 21 고흐, 감옥의 뜰, 1890년, 오일용 캔버스, 80×64cm, 모스크바, 푸시킨 미술관

그를 기꺼이 받아들인 여성들은 창녀밖에 없었다. 특히 고흐는 몸집이 큰 연상의 창녀를 좋아했는데, 그가 젊은 시절 함께 동거했던 술주정뱅이 창녀 마리아 호르니크는 고흐보다 세 살 연상으로 그녀가 낳은 아들 빌렘의 아버지가 고흐라고 주장하기도 했지만 입증된 사실은 아니다. 어쨌든 행복한 가정을 한 번도 꾸려 보지 못했던 고흐는 지독히도 운이 따라주지 않은 인물로 그의 좌절과 절망감이 어땠을지 짐작이 가고도 남는다.

고질적인 광기에서 결코 벗어날 수 없었던 고흐는 그런 지옥과도 같은 자신의 삶을 말년에 그린 걸작 〈감옥의 뜰〉에서 우회적으로 묘사한 것으로 보이는데(그림 21), 정신병원을 수시로 드나들었던 그로서는 자신이 사는 고통스러운 이 세상 자체가 거대한 감옥처럼 느껴졌을 것이다. 결국 그가 광기의 감옥에서 탈출하는 유일한 수단은 자살이라는 극단적인 선택을 통해서였으며, 자살하기 직전에 남긴 〈까마귀 떼가 나는 밀밭〉의 분위기는 바로 자신의 그런 어둡고도 절망적인 상황을 드러낸 것으로 보인다(그림 22).

그림 22 고흐, 까마귀 떼가 나는 밀밭, 1890년, 오일용 캔버스, 50.5×103cm, 암스테르담, 반 고흐 미술관

비록 죽은 자는 말이 없지만, 이처럼 숱한 작품을 통해 자신의 어두운 내면을 드러낸 고흐가 삶의 무게를 견디지 못하고 스스로 목숨을 끊은 것은 결국 의식에서 용납하기 어려운 부도덕한 욕망과 그로 인한 죄의식을 이기지 못한 결과로 보인다. 다시 말해서 지나치게 도덕적인 부모의 신앙심에 대한 반항심과 더불어, 다른 한편으로는 끝없이 의지하고픈 유아적인 소망이 서로 뒤엉킨 상호

모순된 양가적인 감정, 그리고 극심한 죄의식에서 비롯된 자기징벌 환상^{self-} punishment fantasy과 자책망상 등이 복합적으로 작용한 것으로 보인다. 하기야 고흐가 온전한 정신상태였다면 그토록 독창적이고도 위대한 걸작이 나오지도 않았을 테니 화가의 운명 자체가 하나의 역설이라 할 수 있겠다.

고갱

　반문명의 기치를 내걸고 원시적인 문화에 빠져 지낸 폴 고갱Paul Gauguin, 1848-1903은 프랑스의 인상주의 화가로 독자적인 화풍을 보여 주목을 받았으나 인공적인 문명세계에 대해 깊은 혐오감을 느낀 나머지 남태평양 폴리네시아로 이주해 현지 토착민들과 함께 생활하며 작품 활동을 벌이다가 그곳에서 55세를 일기로 생을 마쳤다.

　파리에서 자유주의 사상을 지닌 언론인의 아들로 태어난 고갱은 그가 만 두 살 때 정치적인 이유 때문에 프랑스를 떠난 부모를 따라 남미 페루로 이주하던 도중에 아버지가 선상에서 숨을 거두자 어머니와 함께 외가가 있는 페루 리마에서 어린 시절을 보내며 인디오의 전통미술에도 일찍 눈을 떴다.

　적도의 나라 페루에서 원주민 아이들과 함께 벌거벗고 뛰놀던 어린 시절 기억은 그 후에도 고갱에게 큰 영향을 끼쳤는데, 그의 원시문명에 대한 뿌리 깊은 향수는 결국 일 년 사시사철 벌거벗고 사는 남태평양 군도에서 여생을 보내도록 이끄는 보이지 않는 힘이 되었을 것으로 보인다. 실제로 그는 벌거벗은 원주민 여성들과 함께 지낼 때 심리적으로 가장 큰 안정감을 얻었던 인물이었다.

그림 1 고갱, 메테의 초상, 1884년, 오일용 캔버스, 65×54cm, 오슬로, 국립미술관

7세 때 어머니와 함께 다시 파리로 돌아온 고갱은 가톨릭 기숙학교를 다녔지만, 그에게는 인습적인 학교생활이 지옥체험처럼 느껴졌을 뿐이었다. 군복무 시절에 어머니를 여읜 후 주식중개인 노릇을 하던 그는 덴마크 여성 메테 소피 가드와 결혼해 다섯 자녀를 낳고 코펜하겐에 이주해 살았지만, 세일즈맨 생활로 가족을 부양해야만 했던 고갱으로서는 10년에 걸친 결혼생활이 그야말로 고역이었을 뿐이었다. 당시 그가 그린 아내의 초상화에서 보듯이 그녀는 매우 다부진 몸매에 당찬 성격의 여성으로 고갱이 생업을 책임지지 못하게 되자 단호하게 자신의 집을 떠날 것을 요구할 정도로 드센 여인이었다(그림 1).

결국 가족과 헤어져 단독으로 파리에 다시 돌아온 고갱은 절친했던 동료 고흐의 요청을 받아들여 아를르에 있는 고흐의 옐로우 하우스에서 2개월간 함께 공동생활을 하며 작품을 그렸으나, 점차 인상주의에 대해 환멸을 느낀 고갱은 고흐와도 자주 의견 충돌을 일으키며 불화를 보이기 시작했다. 그럼에도 고갱은 해바라기를 그리는 고흐의 모습을 화폭에 담기도 했다(그림 2).

그림 2 고갱, 해바라기를 그리는 고흐, 1888년, 오일용 캔버스, 73×91cm, 암스테르담, 반 고흐 미술관

당시 고흐와 고갱 두 사람 모두 심각한 우울증과 자살충동에 시달리고 있었는데, 말다툼 끝에 고흐가 면도칼로 그에게 위협을 가하는 일이 벌어지자 고갱은 크게 실망하고 고흐와 결별하기로 작심한다. 결국 고흐는 면도칼로 자신의 귀를 자르는 광기를 보인 후 정신병원 신세를 지게 되고 말았지만, 고갱은 고흐의 애원에도 불구하고 매정하게 고흐의 곁을 떠났다.

아를르를 떠난 고갱은 그 후 두 번 다시 고흐와 상종하지 않았지만, 그때 받은 정신적 충격으로 몹시 괴로워했으며, 그런 고통을 자신의 피 흘리는 두상을 조각한 항아리 작품으로 표현하기도 했다(그림

그림 3 고갱, 자화상 항아리, 1889년, 코펜하겐, 덴마크 미술관

3). 마치 목이 잘려 살로메의 쟁반 위에 놓인 세례 요한의 모습을 연상시키는 듯한 그의 두상은 고흐에 대한 죄책감을 우회적으로 드러낸 것일지도 모른다. 당시 고갱은 어머니의 젊었을 때 모습을 담은 사진을 토대로 초상화를 그리기도 했는데, 페루가 고향인 어머니에 대한 그리움이 갑자기 엄습했던 것으로 보인다(그림 4). 부인과 고흐를 통해 받은 상처가 그만큼 깊었기 때문일 것이다.

그림 4 고갱, 어머니의 초상, 1894년, 오일용 캔버스, 41×33cm, 독일 슈투트가르트, 국립미술관

그림 5 고갱, 망고를 든 타히티 여인들, 1899년, 오일용 캔버스, 94×73cm, 뉴욕, 메트로폴리탄 미술관

결국 서구문명에 대한 혐오감이 더욱 깊어진 고갱은 그 후로 남태평양의 프랑스령 폴리네시아로 항해를 떠나 원시적인 생활에 대한 동경심을 더욱 키우게 되었다. 마침내 그는 1895년 프랑스를 영구적으로 떠나 타히티 섬에 정착하고 두 번 다시 유럽으로 돌아가 살지 않았으며, 원시적인 삶을 만끽하며 토착민 여인들을 대상으로 수많은 작품들을 그렸다(그림 5).

고갱은 그곳에서 인습에 얽매이지 않고 여러 토착민 여성과 동거하며 많은 후손을 낳았는데, 비록 원시적인 자유를 만끽하며 살았지만, 그의 건강은 날이 갈수록 악화되기만 했다. 말년에는 마르케사스 군도에 거주하면서 프랑스 관리들과 불화를 일으켜 벌금형과 투옥 명령을 받기도 했는데, 감옥으로 가기 직전에 숨을 거두고 말았다.

고갱의 자화상은 매우 냉소적인 시선이 특징으로 그 이면에는 뿌리 깊은 환멸과 우울, 그리고 의구심에 가득 찬 표정이 역력하다. 오히려 20대 말에 그린 젊은 시절의 자화상이 한결 부드러운 인상을 풍긴다. 고동색 바탕 배경에 검은 모자를 쓰고 있는 청년 고갱의 얼굴은 미국의 영화배우 로드 스타이거와 몹시 닮은 매력적인 모습이다(그림 6).

그림 6 고갱, 자화상, 1875년, 오일용 캔버스, 46.6×38.4cm, 미국 하버드대학 포그 미술관

30대 후반에 그린 자화상도 부드럽기는 마찬가지다. 비록 콧수염을 기르고 있지만 그의 시선은 만족스러운 표정을 짓고 있다(그림 7). 당시 자신의 아들을 모델로 초상화를 그리기도 했던 고갱은 나름대로 행복한 결혼생활을 누리고 있었지만, 한곳에 안주하지 못하고 자주 싫증을 내는 그의 못 말릴 방랑벽은 가족들로서도 어찌할 수 없었다. 따라서 불과 3년 뒤에 그린 자화상과 비교해 보면, 그의 표정이 매우 달라져 있음을 알 수 있다. 고흐와 상종하던 1888년 나이 40세 때 보여 주는 그의 모습은 매우 날카롭고 신경질적인 인상을 풍기고 있으며, 자신을 향해서도 조소 어린 시선을 던지고 있는 모습이다(그림 8, 9).

그림 7 고갱, 자화상, 1885년, 오일용 캔버스, 65×54cm, 미국 텍사스 포트워스, 킴벨 미술관

그림 8 고갱, 자화상, 1888년, 오일용 캔버스, 45×55cm, 암스테르담, 반 고흐 미술관

그림 9 고갱, 자화상, 1888년, 오일용 캔버스, 46.5×38.6cm, 미국 워싱턴, 국립미술관

그림 10 고갱, 후광이 있는 자화상, 1889년, 나무판에 유채, 79×51cm, 미국 워싱턴, 국립미술관

고흐와 불화를 일으키고 헤어진 후 40대 초에 그린 자화상에서는 자신의 머리 위에 후광을 그려 넣고 있는데, 비슷한 시기에 그린 또 다른 자화상에도 자신의 모습 배경에 십자가에 못 박힌 예수상을 배치해 놓음으로써 정신 상태가 온전치 못한 고흐를 배신하고 도망친 자신의 떳떳치 못한 행동을 뉘우치는 듯한 모습을 보인 게 아닐까 한다(그림 10, 11).

40대 중반 타히티에서 그린 자화상은 원주민 여성의 나신을 그린 자신의 작품을 배경으로 모자를 눌러쓴 고갱이 곁눈질로 노려보는 모습인데, 그 표정은 매우 못마땅하다는 듯이 보인다(그림 12). 같은 시기에 나온 다른 자화상 역시 한 손으로

그림 11 고갱, 황색 그리스도가 있는 자화상, 1889년, 오일용 캔버스, 38×46cm, 파리, 오르세 미술관

턱을 고인 채 옆으로 비스듬히 고개를 돌린 상태에서 관객을 응시하고 있는 모습을 취하고 있는데, 매우 신경질적이면서 도도한 표정을 짓고 있다(그림 13, 14). 반면에 40대 후반의 모습은 다소 침울한 표정을 짓고 있다. 당시 고갱은 이미 건강이 악화된 상태로 힘겨운 시기를 보내고 있던 참이었다(그림 15, 16).

그림 12 고갱, 자화상, 1893~1894년, 오일용 캔버스, 46×38cm, 파리, 오르세 미술관

그림 13 고갱, 자화상, 1893년, 오일용 캔버스, 43.8×32.7cm, 미국 텍사스 산 안토니오, 맥네이 미술관

그림 14 고갱, 자화상, 1893~1894년, 오일용 캔버스, 92×73cm, 개인 소장

그림 15 고갱, 자화상, 1896년, 오일용 캔버스, 41×32cm, 파리, 오르세 미술관

그림 16 고갱, 자화상, 1896년, 오일용 캔버스, 76×64cm, 브라질 상파울루 미술관

50대 중반에 접어든 그가 말년에 그린 자화상에서 고갱은 안경을 걸치고 몹시 화난 표정을 짓고 있는데, 얼굴 전체가 온통 검붉은 색으로 뒤덮여 있다. 하얀 상의와 백발이 성성한 머리에 대비되어 검붉은 얼굴이 더욱 선명하게 돋보인다(그림 17). 그것은 수치심이나 부끄러움을 뜻하는 홍조가 아니라 알코올 중독에 찌든 모습이며, 분노의 징후이기도 하다. 실제로 당시 고갱은 매독에 걸린 상태로 술과 마약 중독에 시달리다 결국 죽음을 맞이하고 말았는데, 말년에 그린 마지막 스케치에서도 보듯이 삶의 의지를 거의 포기한 상태임을 알 수 있다(그림 18).

그림 17 고갱, 자화상, 1903년, 오일용 캔버스, 41.5×24cm, 스위스, 바젤 미술관

그림 18 고갱, 자화상, 1903년, 스케치, 15×10cm, 파리, 오르세 미술관

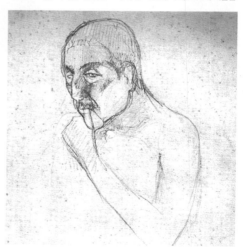

그가 죽기 직전에 남긴 마지막 자화상에서도 드러나듯이 그의 표정은 매우 어둡기만 해서 결코 행복한 모습이 아니다. 아무리 원시적인 지상낙원에서 인습에 얽매이지 않는 자유를 만끽하고 살았다 하더라도 여전히 불만에 가득 차 있는 그의 모습을 보면 사람은 어디서 사는가가 중요한 게 아니라 어떤 마음상태로 살아갈 것인가가 더욱 중요한 일임을 실감케 한다.

고갱이 세상을 뜬 바로 그 해에 그린 〈여인들과 백마〉를 보면, 원주민 여성들은 아무런 걱정도 없는 매우 낙천적인 모습을 보여 주고 있음을 알 수 있는데, 벌거벗은 몸으로 백마를 타고 있는 여인의 자태가 특히 인상적이다(그림 19). 왜냐하면 백마는 고갱 자신을 상징하는 것으로 볼 수 있기 때문이다. 저 멀리 언덕 위

그림 19 고갱, 여인들과 백마, 1903년, 오일용 캔버스, 73×92cm, 미국, 보스턴 미술관

에 보이는 하얀 십자가 역시 백인문명을 나타낸 것으로 볼 수 있지만, 원주민 여성들은 그런 것에 전혀 아랑곳하지 않는 모습들이다. 오히려 토착민 여성들에게 정복당한 고갱의 운명을 드러낸 작품처럼 보인다면 지나친 억측일까.

그런 점에서 영국 작가 소머셋 몸은 고갱의 삶에 바탕을 둔 소설《달과 6펜스》를 썼지만, 타히티에서 나병으로 쓰러져 죽으며 자신의 오두막집과 작품을 모두 불태워 달라고 마지막 유언을 남긴 소설의 주인공 찰스 스트릭랜드에 비하면 매독에 걸려 고생하다 죽은 고갱의 삶이 훨씬 더 비극적이고도 암울해 보인다. 물론 작가는 소설 제목이 암시하듯이 광적인 예술혼과 세속적인 욕망 사이에서 갈등하는 주인공의 모습을 통해 현실과 공존하기 어려운 탐미적 충동의 비극을 묘사하고 있지만, 자포자기에 빠진 고갱의 삶은 사실 진정한 행복과는 거리가 멀어 보인다.

로트렉

귀족 출신의 프랑스 화가 앙리 드 툴루
즈 로트렉Henri de Toulouse Lautrec, 1864–1901은
어려서부터 병약한 데다가 다리까지 다쳐
더 이상 자라지 못하고 난쟁이가 되었다.
하지만 현대의학에서는 그의 상태를 유전
적 결함에 의한 골다공증이나 구루병일 것
으로 진단하기도 한다. 로트렉의 상체는 정상적인 성
인의 크기로 성장했지만, 하체만 전혀 자라지 않은 상
태로 게다가 그는 유난히 커진 성기를 지닌 것으로 알
려져 있어서 유전적 질환의 가능성을 더욱 크게 한다.
3세 때 찍은 사진을 보더라도 유난히 큰 머리가 돋보
인다.

1867년, 로트렉의 3세 때 모습

어쨌든 로트렉은 귀족의 후예로 태어났으나 남동생이 출생 직후 사망하자 부모가 불화를 일으키고 별거하는 바람에 주로 유모의 손에 의해 자랐다. 여덟 살이 되어서야 비로소 어머니 곁으로 돌아갔으나 아들의 건강에 이상이 있음을 알게 된 어머니는 그를 다시 아버지에게로 되돌려 보내고 말았다. 하지만 아버지는 아들에 무관심했으며, 아들 역시 그런 아버지에 대해 냉소적인 태도를 보였다.

13세를 전후해서 그는 설상가상으로 양쪽 다리 모두에 골절상을 입었는데, 완전히 치유되지는 못했다. 신체적 불구자가 된 아들의 장래를 염려한 어머니는 미술에 소질을 보인 로트렉을 화가로 성공시키겠다는 야심을 품고 본격적인 미술 공부를 시키기 시작했는데, 그런 어머니의 모습은 로트렉의 초기 작품에서 엿볼 수 있다(그림 1). 찻잔을 앞에 두고 지그시 눈을 감고 있는 어머니의 모습을 통해 매우 사려 깊은 여성임을 알 수 있다.

그림 1 로트렉, 화가의 어머니, 1883년, 오일용 캔버스, 94×81cm, 프랑스 알비, 툴루즈 로트렉 미술관

그는 자신이 비록 귀족 출신이었지만, 귀족사회의 위선에 강한 반감을 지니고 오히려 자유분방하게 살아가는 서민들의 애환을 담은 그림을 많이 남겼는데, 그 대상은 서커스, 놀이터, 술집, 가수, 창녀, 무도장 등이 주를 이루었으며(그림 2), 실제로 그는 몹시 방탕한 생활로 인해 알코올 중독과 매독으로 고생하기도 했다.

그림 2 로트렉, 사창가의 여인, 1894년, 오일용 판지, 49×34cm, 개인 소장

로트렉은 하루 종일 술집에 처박혀 술을 마시며 그림을 그렸는데, 그것은 귀족인 아버지에 대한 일종의 반항심에서 비롯된 매우 도발적인 행동으로 보인다. 그는 의도적으로 보란 듯이 당시 교양 있는 귀족들이 혐오감을 표시하던 캉캉 춤의 발상지 물랭루즈에 틀어박혀 계속 그림을 그렸던 것이다.

1892년, 물랭루즈 광고판을 보고 있는 로트렉   1892년, 로트렉

　　당시 로트렉은 몽마르트에서 매우 특이한 명물로 꼽히는 존재였다. 헐렁한 바지차림에 롱코트와 중절모자를 걸치고 항상 술에 절어 있는 상태에서 지팡이를 짚고 다니며 사창가나 드나드는 기이한 행적을 벌이는 귀족 출신이었으니 그럴 만도 했을 것이다. 특히 그는 여성들의 풍만한 젖가슴에 파묻혀 오똑 선 콧날의 콧구멍을 올려다보는 순간 가장 큰 희열을 느꼈다고 하는데, 모성적인 그리움에 대한 퇴행적인 몸짓의 일부가 아니었을까 짐작되기도 한다.

그림 3 로트렉, 거울 앞의 자화상, 1882~1883년, 카드보드에 유채, 40×32cm, 프랑스 알비, 툴루즈 로트렉 미술관

　　로트렉은 10대 후반에 그린 자화상에서 자신의 상반신 일부만 드러내 보이고 있는데, 물론 그것은 하체가 매우 짧은 난쟁이라는 핸디캡 때문이었을 것이다.

하지만 그의 표정만큼은 매우 심각하고 진지해 보인다(그림 3). 이 작품은 유채
화로 그린 그의 유일한 자화상이기도 한데, 그 후로는 거의 대부분이 자신의 모
습을 익살스럽게 패러디한 스케치로 일관하고 있다.

〈거울 앞의 자화상〉과 비슷한 시기에 그린
로트렉 자신의 만화 같은 캐리커처를 보면, 자
신의 신체적 결함을 다소 과장된 모습으로 그
리고 있는데(그림 4), 몸통만한 크기의 얼굴, 유
난히 크게 돋보이는 코 위에는 안경을 걸치고
주먹만큼 큰 귀가 우선 눈에 들어온다. 표정은
매우 담담하고 의젓해 보이지만, 아래로 처진
시선은 다소 슬퍼 보이기도 한다. 유달리 코를
크게 그린 것은 자신의 신체적, 성적인 열등감
을 극복하기 위한 수단으로 보이는데, 코는 남
근의 상징이 되기 때문이다.

두 손을 깍지 끼고 무릎에 얹은 자세로 다소
곳이 앉아 있는 모습은 보는 이로 하여금 애처

그림 4 로트렉, 자화상 캐리커처, 1882년, 연필화, 개인 소장

로움을 느끼게도 하지만, 정작 그 자신은 오히려 당당한 태도를 취하고 있으며,
어찌 보면 도도해 보이기까지 한다. 일종의 반동형성의 결과라 할 수 있다. 몸

통만한 크기의 머리는 자신의 지적 수준이 결코 일반인들에 뒤지지 않을 만큼 우수하다는 점을 과시하는 것으로 보이며, 과장되게 크게 그려진 귀 역시 자신의 감각기관도 극히 정상적임을 강조하는 듯이 보인다.

그림 5 로트렉, 자화상, 1882년, 연필화, 6.9×6.4cm, 개인 소장

반면에 연필로 매우 무성의하게 대충 그린 스케치 자화상에서는 자신의 두상만 보여 주고 있는데, 그것도 터무니없이 크게 그린 코와 귀가 몹시 어색해 보이며, 실제보다 나이가 훨씬 더 들어 보이는 데다가 입가에는 야릇한 미소마저 띠고 있는 모습이다(그림 5). 하기야 어릴 때부터 머리만 유난히 크고 하체가 부실했던 그로서는 그런 핸디캡 때문에 항상 열등감을 지니고 살았겠지만, 막상 자신의 모습을 화폭에 담고자 했을 때 자신에 대한 실망으로 인해 잠시 망설이다 대충 마무리한 것처럼 보인다. 입가의 야릇한 미소도 그런 자신의 모습에 대해 자조적인 반응의 결과로 나타난 것이 아닐까 한다.

그림 6 로트렉, 자화상 캐리커처, 1885년, 펜화, 30.4×12.7cm, 프랑스 알비, 툴루즈 로트렉 미술관

그 외에도 자신의 전신을 보여 주는 다른 자화상에서 그는 자신의 짧은 하체를 롱코트로 교묘하게 감추고 있거나(그림 6), 기형적으로 뒤틀린 모습으로 희화화시켜 묘사하고 있는데(그림 7), 그의 얼굴 역시 인간의 형상이라기보다는 마치 짐승처럼 묘사하고 있어 매우 자학적인 성향을 그대로 드러낸 것으로 볼 수 있다. 그러나 후기로 갈수록 모자를 눌러쓴 모습으로 자신의 얼굴을 감추고 있으며, 그것도

그림 7 로트렉, 자화상 캐리커처, 1890년, 목탄화, 25.5×16cm, 개인 소장

주로 뒷모습만 보여 주고 있음을 알 수 있다(그림 8, 9).

그림 8 로트렉, 자화상 캐리커처, 1892년, 펜화, 프랑스 알비, 툴루즈 로트렉 미술관

그림 9 로트렉, 자화상 캐리커처, 1896년, 판화, 이탈리아 피스토야, 개인 소장

유화에 등장하는 그의 모습은 30세 전후에 그린 〈물랭루즈에서〉라는 작품에도 등장하는데, 로트렉 자신은 멀찌감치 창가에 앉아 있는 아주 작은 모습으로 그리고 있어서 눈에 잘 띄지도 않는다(그림 10). 알코올 중독에 빠져 살았던 로트렉에게 술은 유일한 위안거리요, 친구이기도 했다.

그림 10 로트렉, 물랭루즈에서, 1892-1895년, 123×140cm, 미국 시카고 미술 연구소

난쟁이로 사람들의 조롱거리가 되었던 로트렉은 귀족 출신 신분에도 아랑곳하지 않고 몽마르트 환락가의 물랭루즈라는 술집에 고용되어 무제한의 술을 제공받는 대가로 계속 술을 마시며 그림을 그려 댔지만, 그것은 어쩌면 매우 자학적인 몸부림이었기 쉽다. 그의 무절제한 생활태도 자체가 자포자기 심정에서 비롯된 자기부정의 몸짓이었기 때문이다. 당시 그는 주로 노래하고 춤추는 가수나 댄서들을 상대로 많은 작품을 그렸지만, 사랑에 대한 갈망 또한 몹시 커서 사랑하는 연인들의 모습도 많이 그렸다(그림 11, 12).

그림 11 로트렉, 키스, 1892년, 오일용 판지, 60×80cm, 개인 소장

그림 12 로트렉, 침대, 1892년, 오일용 판지, 34×53cm, 개인 소장

그런 점에서 이탈리아 출신의 동료 화가 지오반니 볼디니가
그린 로트렉의 초상을 보면, 두 눈을 지그시 감고 뭔가 상념에
빠져 있는 모습을 볼 수 있는데, 철저한 현실 쾌락주의자였던
그의 표정에서는 그 어떤 고민이나 회한의 모습도 찾아보기 힘
들다(그림 13).

그림 13 지오반니 볼디니, 로트렉의 초상, 1880–1890년, 파스텔화, 63.5×41.6cm, 미국 파사데나, 노턴 사이먼 미술관

로트렉은 종류를 가리지 않고 술을 마셔 댔으며, 특히 칵테
일을 몹시 즐겨서 자기만의 독자적인 칵테일 제조법을 만들기
도 했다. 결국 그는 37세 나이로 사망하기 직전 알코올 중독 때
문에 잠시 요양원 신세를 지기도 했으나 방탕한 생활로 얻은 매독과 알코올 중
독의 합병증으로 끝내 숨을 거두고 말았다. 스스로 건강을 망친 자책감 때문인
지 그는 세상을 떠난 그 해에 갑자기 뜬금없이 의사시험 장면을 묘사한 작품을
남기기도 했다(그림 14). 그가 죽으면서 내뱉은 마지막 말은 '바보 같은 늙은이'였
는데, 이는 그의 아버지를 염두에 둔 말로 평소 아버지에 대한 유감이 많았던

그림 14 로트렉, 의사시험, 1901년, 오일용 캔버스, 65×81cm, 프랑스 알비, 툴루즈 로트렉 미술관

모양이다. 아들이 죽은 후 어머니는
그의 고향인 알비에 미술관을 세워 로
트렉의 이름을 널리 알리는 일에 힘쓰
다가 1930년에 90세 나이로 세상을
떴다.

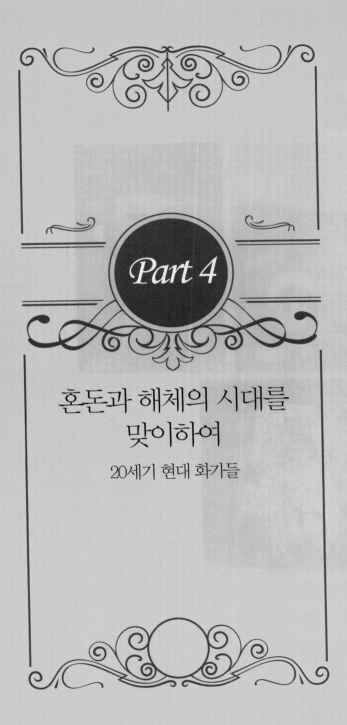

Part 4

혼돈과 해체의 시대를 맞이하여

20세기 현대 화가들

그림 1 뭉크, 정신병원 입원 중의 자화상, 1909년, 오일용 캔버스, 100×110cm, 베르겐, 라스무스 마이어 소장

해안에 밀려드는 차가운 파도와 불타는 하늘의 노을이 기묘한 대조를 이루고 있다(그림 2). 그 얼굴은 어찌 보면 유령 같기도 하고 갓 태어난 태아처럼 보이기도 한다.

안구 없는 시체처럼 보이는 그 모습은 마치 좀비를 연상시키기도 하는데, 출구가 보이지 않는 막다른 길에 처한 절망적

상태를 자화상을 통해 묘사하고 있는데, 거친 붓 터치로 그린 전체적인 분위기가 그런 심리적 상황을 대변하는 듯이 보인다 (그림 1).

뭉크의 대표작으로 꼽히는 〈절규〉는 마치 해골처럼 보이는 인물이 양쪽 귀를 손으로 틀어막고 공포에 질린 나머지 절규하고 있는 모습을 보여 주고 있는데, 표르드

그림 2 뭉크, 절규, 1893년, 유화, 91×73.5cm, 오슬로, 국립미술관

인 상황임을 드러낸다. 하지만 저 멀리 떨어져 있는 두 사람은 그에게 아무런 관심도 보이지 않고 무심한 태도로 바닷가를 거닐고 있다. 이 장면을 통해 뭉크는 세상과 동떨어진 자신의 우울과 불안, 분노를 대담하게 드러냈다는 점에서 사실 그림의 주인공은 뭉크 자신이라 할 수 있다.

뭉크는 젊은 시절부터 81세로 세상을 뜰 때까지 기이할 정도로 자화상에 몹시 집착했는데, 우울과 공포에 휩싸인 자신의 내면을 그토록 집요하게 표현한 인물도 드물 것이다. 그것은 일종의 그림을 통한 자기 고백록에 가까우며, 60여 년에 이르는 지루한 삶의 연대기인 동시에 뭉크 자신의 자서전이라 해도 무방할 것이다.

그림 3 뭉크, 자화상, 1882년, 유화, 25.5×18.5cm, 오슬로, 뭉크 미술관

19세 때 그린 뭉크의 자화상은 아버지의 강요로 마지못해 공대에 진학했다가 도중에 그만두고 왕립 미술학교에 지원해 미술을 공부하고 있던 시기에 그린 작품이다. 굳게 다문 입술과 찌푸린 양미간 사이에 정면을 노려보는 매우 도발적이고도 반항적인 시선이 인상적이다. 비록 무표정해 보이기도 하지만, 우울한 적대감을 애써 감춘 듯이 보이는 그의 얼굴에는 냉랭한 기운이 감돌고 있다(그림 3).

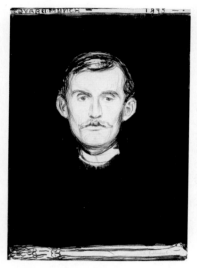

그림 4 뭉크, 자화상, 1895년, 45.5×31.7cm, 오슬로, 뭉크 미술관

〈절규〉를 발표한 후 1895년에 그린 자화상은 파리 유학을 떠나기 직전 32세의 뭉크의 모습을 보여 주는데, 동판화 기법을 사용해 바늘로 긁어서 완성한 작품으로 검은 배경에 우울한 표정의 흰 얼굴이 유난히 돋보인다. 화면 밑에 그려 넣은 해골의 팔은 죽음의 주제에 집착하는 뭉크의 특성을 그대로 드러내고 있어 마치 영정사진을 보는 듯한 느낌이 든다(그림 4). 같은 해에 그린 〈담배를 피우는 자화상〉 역시 전체적인 분위기는 매우 어두워 보이며, 피어오르는 담배연기의 모습이 마치

그림 5 뭉크, 담배를 피우는 자화상, 1895년, 오일용 캔버스, 110.5×85.5cm, 오슬로, 국립 미술관

유령들의 존재가 화가 주변을 맴돌고 있는 듯 다소 기괴한 분위기를 보여 주고 있다(그림 5).

반면에 40세에 그린 자화상은 마치 지옥의 불길 속에 벌거벗고 서 있는 자신의 모습을 형상화하고 있는 것처럼 보이는데, 30세 때 그린 그의 대표작 〈절규〉에서 보여 주는 공포보다 더욱 끔찍스러운 상황임에도 정작 뭉크 자신은 오히려 덤덤한 모습으로 정면을 응시하고 있다. 자신의 삶을 지옥에 비유한 듯이 보이는 이 자화상을 통해 그는 어쩌면 매우 자학적인 몸짓으로 자신의 적대감을 드러내고 있는 것은 아닐까(그림 6).

그림 6 뭉크, 지옥의 자화상, 1903년, 82×66cm, 오슬로, 뭉크 미술관

그림 7 뭉크, 와인병이 있는 자화상, 1906년, 110×120cm, 오슬로, 뭉크 미술관

43세 때 그린 자화상은 와인 잔을 마주하고 식당에 홀로 앉아 있는 모습으로, 정장 차림에 흰 칼라로 목을 가리고 있다. 시무룩한 표정이 고독한 삶에 지친 독신생활의 공허함을 드러내 주는 작품이다(그림 7). 멀찌감치 떨어져 있는 사람들의 얼굴은 그 형체를 알

아볼 수 없게 대충 그렸는데, 세상과 단절되고 소외된 뭉크의 모습을 보여 준다. 예전처럼 시선도 정면을 보지 않고 약간 아래로 쏠려 있다.

50대의 자화상 역시 우울하고 외로움에 지친 모습을 보여 준다. 스페인 독감을 앓은 후에 그린 자화상이 특히 그렇다(그림 8). 50대 중반이라고 하기에는 너무도 수척하고 늙어 보이는 모습이 안쓰럽기까지 하다. 반면에 베르겐을 방문해서 그린 자화상에서는 테라스에 홀로 앉아 있는 모습을 보여 주고 있는데, 저 멀리 거리를 오가는 사람들과 무관하게 혼자 고독을 되씹고

그림 8 뭉크, 스페인 독감 후의 자화상, 1919년, 오일용 캔버스, 150.5 ×131cm, 오슬로, 국립미술관

있는 화가의 표정은 몹시 화가 나 있고 더 나아가 의심에 가득 찬 눈초리를 보내고 있다(그림 9). 그래서인지 홀로 방 안에서 구부정한 자세로 선 채 윗저고리를 양손으로 틀어쥐고 마치 절규하듯 소리치는 모습처럼 보이는 자화상도 있다(그림 10).

그림 9 몽크, 자화상, 1916년, 오일용 캔버스, 89.5×60cm, 오슬로, 뭉크 미술관

그림 10 뭉크, 자화상, 1919년, 오일용 캔버스, 151×130cm, 오슬로, 뭉크 미술관

그림 11 뭉크, 에켈리에서의 자화상, 1926년, 오일용 캔버스, 90×68cm, 개인 소장

60대 노년에 이른 뭉크의 모습은 여전히 우울과 불안, 소외와 고독감에서 자유롭지 못한 듯이 보인다. 그는 나이가 들어서도 계속해서 많은 자화상을 남겼는데, 잔뜩 찌푸린 얼굴로 불만에 가득 차 있는 모습(그림 11), 또는 어두운 밤에 창가에 서서 마치 뭔가를 훔쳐보듯이 상체를 숙이고 앞을 살피는 모습을 보여준다. 깊은 밤 잠들지 못하고 서성이는 외로운 노인의 모습이다(그림 12).

그림 12 뭉크, 자화상, 1923-1924년, 오일용 캔버스, 121.5×118.5cm, 오슬로, 뭉크 미술관

70대에 들어선 뭉크 역시 외롭고 불만에 가득 찬 모습을 보이고 있는데, 못마땅하다는 듯이 아래로 처진 입술과 검붉게 타오르는 얼굴 표정이 몹시 화가 난 것처럼 보이기도 한

다(그림13). 반면에 혼자 외
롭게 식사하는 모습도 보
이고(그림 14), 마치 사진을
찍듯이 기립 자세로 침상
앞에 서서 무표정한 얼굴
로 정면을 바라보는 모습
도 있다(그림 15).

그림 13 뭉크, 창가에 선 자화상, 1940년, 오일용 캔버스, 84×107.5cm, 오슬로, 뭉크 미술관

그림 14 뭉크, 생선요리를 먹는 자화상, 1940년, 오일용 캔버스, 59
×45.5cm, 오슬로, 뭉크 미술관

그림 15 뭉크, 자화상, 1940-1942년, 오일용 캔버스, 149.5×120.5cm,
오슬로, 뭉크 미술관

나이 80대에 그린 자화상은 거의 기력을 상실한 듯 탈진 상태임을 보여 주고 있으며, 자신에게 서서히 다가오는 죽음의 그림자를 염두에 두고 그린 작품처럼 보이기도 한다(그림 16). 나이는 어쩔 수가 없는지 아무리 거장이라 하더라도 성의 없이 대충 그린 듯이 보이는 이 작품에서는 예전의 붓 터치 감각을 느끼기 어려운 것이 사실이다. 하지만 흙빛을 띠고 있는 얼굴 모습은 곧 흙으로 돌아갈 자신의 운명을 드러낸 것처럼 보이며, 뼈만 앙상하게 드러난 상체 역시 죽음을 상징한 것이 아닐까 한다. 더욱이 곁에 서 있는 형체를 알아볼 수 없는 그림자의 존재는 저승사자 또는 유령처럼 보이기도 하는데, 뭉크의 표정은 몹시 떨떠름한 모습이다.

그림 16 뭉크, 자화상, 1940-1944년, 오일용 캔버스, 57.5×78.5cm, 오슬로, 뭉크 미술관

이처럼 평생을 통해 자신의 고통스러운 내면을 펜이 아니라 붓으로 묘사한 뭉크는 그 스스로도 고백했듯이 자화상을 포함한 그의 많은 그림은 곧 자신의 심경을 드러낸 자기 고백인 동시에 일기였던 셈이다. 여성들을 두려워하고 혐오한 나머지 죽을 때까지 독신을 고수하며 금욕적인 생활로 일관했던 그는 대신에 자신의 그림들을 자식처럼 여겼으며, 자신이 지닌 정신적 결함을 오히려 예술적 영감의 원천으로 삼아 수많은 걸작을 남겼다.

자신의 고통스러운 삶과 끝까지 화해하지 못하고 계속해서 불화를 겪은 뭉크는 그의 연작 시리즈 〈삶의 프리즈〉에서 보여 주듯이 자기 자신이 겪어 온 정신적 고통과 슬픔, 불안과 우울, 편집증적 두려움 등 모든 것을 담고 있다는 점에서 그림을 그리는 키르케고르요, 스트린드베리였다고 할 수도 있다. 일생 동안 그를 괴롭힌 화두는 결국 자신이 원하지도 않는데 무슨 이유로 태어나게 되었는지에 대한 의문이었으며, 그런 풀리지 않는 의문에 대한 원망과 성찰이 뭉크 예술의 가장 큰 원동력이 된 것으로 보인다.

1902년, 39세의 뭉크

1921년, 58세의 뭉크

그렇다면 뭉크는 왜 그런 화두에 그토록 집요하게 매달린 것일까. 그 배경을 이해하려면 무엇보다 뭉크가 살아온 과정부터 알아야 할 것 같다. 뭉크는 다섯 살 때 일찍 어머니를 잃었는데, 폐결핵을 앓았던 어머니는 30세 나이로 어린 5남매를 두고 세상을 뜬 것이다. 성모처럼 신성하고 거룩한 존재였던 어머니의 죽음은 어린 뭉크에게 지울 수 없는 상처를 남겨 주었지만, 설상가상으로 그 후 자상한 어머니 역할을 대신해 주었던 사랑하는 누이 소피에마저 결핵으로 죽게 되자 그는 극도의 죄책감에 시달려야 했다. 왜냐하면 누이의 죽음이 자신에게 책임이 있는 것으로 여겼기 때문이다.

당시 열네 살이었던 그는 심한 열병에 걸려 피까지 토하며 극심한 죽음의 공포에 시달리던 끝에 다급해진 나머지 홀로 기도하며 신에게 맹세를 했는데, 자신을 살려만 주신다면 다른 모든 소중한 것들을 포기할 수 있다고 약속했던 것이다. 하지만 그 후 얼마 가지 않아 누이가 숨을 거두자 그는 자신의 맹세 때문에 누이가 죽은 것으로 여기고 엄청난 자책감에 빠지게 되었으며, 그런 이유로 오랜 기간 우울증에 시달리기도 했다.

뭉크가 떨쳐 버릴 수 없었던 것, 일생 동안 그를 늘 따라다니며 괴롭혔던 것은 바로 사랑, 병, 죽음에 대한 공포들, 요컨대 삶에 대한 공포 그 자체였다. 뭉크 자신의 고백을 들어 보자. "나는 가장 무서운 인간의 적 두 가지를 물려받았는데, 폐결핵과 정신병의 소인이 그것이다." 그에게 삶이 그토록 공포와 두려움의 대상으로 느껴지도록 만든 연유는 결국 어린 시기에 겪은 어머니의 죽음에서 찾아야 할 것 같다. 유아의 생존은 곧 어머니의 품 안에서 보장된다. 어머니의 치마폭을 벗어날 때까지는 모든 세상은 위험과 미지에 대한 두려움으로 가득 찬 세계일 수밖에 없다.

하지만 어린 뭉크는 어머니의 품 안을 벗어나자마자 상실을 겪었고, 그 후로 는 오로지 혼자 힘으로 힘겨운 삶을 헤쳐 나가야 했다. 뭉크의 어린 가슴은 그 무엇으로도 메울 수 없는 공백과 쓸쓸함, 그리고 두려움이 깃들어 있었을 것이 다. 몰아치는 삶의 힘겨운 한파로부터 그를 감싸고 보호해 줄 치마폭을 그는 너 무 일찍부터 잃어버린 것이다. 천국은 갑자기 사라져 버리고 생각지도 못한 지 옥이 그를 기다리고 있었다. 따라서 죽음의 주제는 항상 뭉크의 곁을 떠나지 않 은 채 그의 주위를 맴돌고 있었다. 우울과 공포에 사로잡힌 그로서는 회화적 표 현수단이야말로 구원의 처방이었다. 반복적인 주제에도 불구하고 그림 작업을 통하여 그는 자신의 과거와 상처를 어루만지고 새롭게 태어나는 것이다. 창조 적인 작업에 몰입하는 그 순간만은 그 무엇으로도 대신할 수 없는 자기치유의 시간이 되었던 것이다.

물론 그의 어머니는 착하고 순박한 심성의 소유자이기는 했으나 너무도 병 약했기 때문에 어린 뭉크를 제대로 보살피기 어려웠다. 따라서 사랑을 받기에 는 너무도 짧았던 순간이기에 그는 남에게 사랑을 베푸는 일에도 역시 서툴 수 밖에 없었다. 뭉크는 사랑하는 법을 제대로 배우지 못한 것이다. 그리고 사랑의 결핍을 메우기에는 그의 아버지 역시 잔정이 없는 우울한 남성이었다. 결국 뭉 크는 성인이 된 후에도 여성들을 멀리하였고, 그가 주로 교류했던 친구들 대부 분도 여성들을 혐오하는 우울 성향의 남성들이었다는 점이 특이하다고 하겠는 데, 스트린드베리 같은 작가가 그 대표적인 인물이다. 결국 뭉크의 상실을 메우 는 유일한 수단은 화폭 위에 그림을 그리는 일이었을 뿐이다.

그림 17 뭉크, 병실에서의 죽음, 1893년, 캔버스 크레용, 150×167.5cm, 오슬로, 국립 미술관

그런 점에서 볼 때, 뭉크의 초기 작품에서 흔히 다루어진 병실과 침대, 애도하는 사람들, 검은 상복 등의 주제는 자신의 어린 시절에 겪었던 쓰라린 상실의 아픔을 상기시킨다(그림 17~19). 의사집안이면서도 그토록 사랑하는 가족들의 생명조차 구하지 못하는 절망감, 이별의 쓰라림, 빼앗긴 사랑, 되찾을 수 없는 따스한 손길, 그리운 품안, 갑자기 사라져 버린 사랑의 눈길, 이 모든 것들이 뭉크의 삶을 결정해 버렸다.

그림 18 뭉크, 병든 아이, 1896년, 오일용 캔버스, 42.1×56.5cm, 오슬로, 뭉크 미술관

그림 19 뭉크, 죽은 엄마와 아이, 1897년, 오일용 캔버스, 105×178.5cm, 오슬로, 뭉크 미술관

그렇게 자신을 버리고 일찍 세상을 떠난 두 여성의 죽음을 통해 뭉크는 그 후 세상의 어떤 여성도 가까이 하지 않는 태도를 고수했으며, 더 나아가 인간의 삶 자체에 대해서도 몹시 염세적이고 회의적인 태도를 지니게 되었다. 그는 비록 젊은 시절 한때 툴라 라르센과 교제한 적이 있지만, 변덕스러운 히스테리 여성이었던 그녀가 권총을 휘두르며 뭉크의 손에 부상까지 입히는 사태가 벌어지자 여성에 대한 피해의식이 더욱 심화되고 말았다. 화가에게 손의 부상은 사형선고나 다름없었기에 그 사건 이후로 뭉크는 여성과는 담을 쌓고 지냈으며, 두 번 다시 결혼 따위에는 관심조차 두지 않았다. 여성에 대한 극도의 불신과 혐오감은 젊은 시절 그린 자화상에도 드러나는데, 자신을 내려다보며 마치 비웃고 있는 듯이 보이는 여성의 모습을 통해서 뭉크의 그런 심리를 엿볼 수 있다(그림 20).

그림 20 뭉크, 여자 마스크가 있는 자화상, 1891~1892년, 유화, 69× 43.5cm, 오슬로, 뭉크 미술관

미국의 정신분석가 조지 폴록은 아동기 시절에 겪은 부모형제의 죽음과 그

에 따른 애도과정이 수많은 예술가의 창조적 활동에 상당한 자극을 주었음을 밝히고, 그것은 반복적인 애도반응을 통하여 잃어버린 대상을 되찾고자 하는 강렬한 소망이 반영된 것임을 주장했다. 이처럼 죽음이란 주제는 항상 뭉크의 주변을 맴돌고 있었다. 어쩌면 그는 일찍이 세상을 떠난 어머니 곁으로 따라간 누이 소피에를 부러워했는지도 모른다. 그리고 남성으로 태어난 자신의 운명을 저주했을 법도 하다.

그는 여성의 접근에 대하여 매우 병적인 거부감과 두려움을 느꼈는데, 사랑하는 두 여성을 구제하지 못한 아버지에 대한 원망과 실망 때문에 정상적인 동일시과정을 거치지 못함으로써 스스로 남성으로서의 정체감을 확립하지 못하고 여성도 남성도 아닌 어중간한 중성 역할에 만족한 채 살아야만 했다. 그에게 결혼이란 끔찍스러운 악몽 그 자체였으며, 성이란 불결과 부도덕을 가리키는 것이기도 했다. 따라서 순결의 문제는 뭉크에게 있어서 매우 중요한 테마였으며, 소녀야말로 그런 순결의 상징이 될 수 있었다.

특히 뭉크에게는 인간의 성욕, 결혼, 양육 등 여성과 관련된 일련의 모든 과정들이 끔찍스러운 재앙으로 인식되었으며, 더 나아가 인간의 출생 자체를 혐오했다. 그에게 인간의 성이란 하늘이 내린 저주요, 징벌에 가까운 것이었다. 따라서 그는 영원한 순결의 상징인 어머니와 누이의 이미지 세계로 도피함으로써 구원과 안식을 얻고자 한 것이다.

그런 점에서 뭉크의 여성들에 대한 경멸과 혐오감은 실상은 두려움의 증거이기도 했다. 그는 일생 동안 여성들에게 착취당하고 이용만 당하는 수컷들의 처참한 삶에 대해 일종의 피해망상적인 의식까지 보인 듯하다. 여성들은 결코 믿을 수 없는 존재라는 근본적인 불신감은 그의 어릴 적 상실의 경험이 남겨 준 상처의 흔적임에 틀림없겠지만, 여성뿐 아니라 의사였던 아버지에 대한 불신도 그의 부정적인 삶의 태도에 한몫 거든 것으로 볼 수 있다. 의사면서도 사랑하는 가족들의 생명을 구하지도 못하는 무능력한 아버지에 대한 불신은 "그는 애당초 의사가 되지 말았어야 했다."는 뭉크의 말에서도 여지없이 드러난다. 그런 불신과 반감 때문에 뭉크는 일생 동안 아버지 노릇을 포기한 것이다. 더욱이 항상 적막이 감돌고 죽음의 기운이 감도는 침울한 집안 분위기는 그 후 뭉크의 작품에 결정적인 영향을 끼쳤으며, 뭉크뿐 아니라 그의 여동생 라우라마저 정신병에 걸리고 말았다.

뭉크Munch라는 성은 의미부터가 수도승monk을 뜻하는 말이다. 실제로 그는 자신의 성에 어울리는 삶을 살았다. 평생을 독신으로 살면서 금욕적인 수도생활이나 다름없는 생애를 살았기 때문이다. 그러나 그의 삶은 아버지와 같은 경건한 종교적 신앙에 의존한 삶은 결코 아니었다. 물론 그의 아버지도 아내가 사망한 후에는 재혼하지 않고 20여 년을 혼자 살다 죽었다. 가족들이 모두 사망한 후에 그의 막내 여동생 잉게르도 독신으로 살았다. 어머니가 죽은 후 뭉크의 집에 들어와 가족을 돌봐준 이모 카렌 역시 혼자 살았다. 이처럼 뭉크의 집안은 온통 금욕과 절제, 우울성향의 내력이 있는 것 같다.

북유럽의 춥고 어두운 날씨처럼 뭉크의 집안은 결코 밝고 쾌적한 분위기가 아니었다. 그곳은 항상 무겁고 칙칙한 침묵이 감도는 장소였을 뿐이다. 그럼에도 어머니와 누이가 곁에서 돌봐 주는 한 그곳은 양지바른 공간이기도 했다. 그러나 유일하게 따스한 온기를 제공해 주던 두 여성의 죽음은 어린 뭉크에게는 도저히 현실로 받아들이기 어려운 상황이었을 것이다. 어머니의 죽음만으로도 상당한 충격을 받았을 아이에게 그 후에 어머니 노릇을 대신해 주던 자상한 누이의 죽음은 그야말로 돌이킬 수 없는 상처를 남기고 말았다. 아버지는 더욱 말수가 줄었으며, 어린 자녀들에게 관심조차 기울이지 않았다. 세상을 보는 어둡고 비극적인 시야는 이때 이미 뭉크의 가슴속에 깊이 각인되고 있었던 셈이다.

그럼에도 뭉크는 다음과 같이 말하기도 했다. "내게 그림을 그리는 행위는 일종의 병이요, 도취이다. 그 병은 벗어나고 싶지 않은 병이요, 그 도취는 내게 필요한 도취이다."라고. 더 나아가 다음과 같은 고백을 들어 보면 그의 예술적 특성이 보다 분명해진다. "나의 그림들은 곧 나의 일기이다. 내게는 내 그림 이외의 다른 자식들은 없다. 나의 예술은 일종의 자기 고백이었고, 내게 삶의 불안과 병이 없었다면, 나는 노 없이 나아가는 배였을 것이다."

하지만 뭉크는 자신의 삶을 저주하고 원망하면서도 저주 속에 단순히 침몰한 것이 아니라 그런 삶과의 불화관계를 작품 속에 적나라하게 드러내 보임으로써 자신의 악몽 속에 그대로 안주하기를 끝까지 거부한 결과 삶과의 끈질긴 투쟁에서 승리할 수 있었다고 본다. 그런 점에서 자신의 심리적 갈등을 마치 일기를 쓰듯이 일생을 통해 화폭에 옮긴 뭉크야말로 진정한 심리회화의 선구자라 하겠다. 이처럼 평생을 수도승처럼 금욕적이고 은둔적인 삶을 살았던 뭉크는 나치 독일이 노르웨이를 침공해 점령하고 있던 1944년 오슬로 근교 자택에서 81세를 일기로 숨을 거두었다.

수잔 발라동

　　프랑스의 여류화가 수잔 발라동^{Suzanne} Valadon, 1865-1938은 사생아로 낳아 키운 화가 위트릴로^{Maurice} Utrillo, 1883-1955의 어머니로, 그녀 역시 가난한 세탁부의 사생아로 태어나 어린 나이에 여공, 재봉사 등을 전전하며 힘겨운 시절을 보내야 했다. 우연한 기회에 서커스단에 들어가 곡예사로 일하던 그녀는 그네에서 떨어지는 사고로 부상을 입은 후 서커스단을 그만두고 몽마르트에서 퓌비 드 샤반을 비롯해 르누아르, 로트렉, 드가 등 인상주의 화가들의 모델 노릇을 하기 시작했다.

　　모델 노릇을 하는 가운데 어깨 너머로 배운 실력에 힘입어 스스로 화가가 되기로 결심한 그녀는 특히 로트렉의 지도를 받고 유능한 누드화가로 그 실력을 인정받게 되었다. 하지만 자유분방한 삶을 누리던 그녀는 많은 화가와 문란한 사생활을 벌이던 중에 아버지가 누군지도 모르는 위트릴로를 낳게 되었는데, 당시 그녀 나이 불과 18세였다.

　　그녀는 죽을 때까지도 위트릴로의 아버지가 누구인지 입을 다물었지만, 솔직히 말해 그녀 자신도 정확히 몰랐기 쉽다. 수많은 화가와 어울리며 무절제한 관계를 맺었으니 당연히 그랬을 것이다. 그녀는 자신이 낳은 아기를 데리고 한때 연인관계였던 르누아르와 드가를 직접 찾아가 보여 주기도 했지만, 그들은 한사코 자신들이 아버지가 아니라고 잡아떼었다.

지금 같으면 유전자 검사라도 했겠지만, 당시로서는 친부를 확인할 방도가 없었기에 어쩔 수 없이 그녀는 카페에서 우연히 마주친 스페인 출신 화가 미겔 위트릴로에게 친부 서명을 부탁했는데, 그가 기꺼이 서명을 해 줌으로써 졸지에 위트릴로라는 성을 얻게 된 것이다. 사진에 보이는 어린 소년이 바로 위트릴로인데, 아들을 끔찍이 아낀 발라동은 어린 아들을 모델로 많은 스케치를 남기기도 했다.

하지만 사생아로 태어난 위트릴로는 어린 나이에 이미 술이나 마시고 다니며 비행을 저지르는 문제아가 되고 말았는데, 이처럼 아들이 문제를 일으키고 다니며 말썽만 부리게 되자 그녀는 아들의 마음을 잡기 위해 그림을 가르치기 시작했다. 다행히 미술에 재미를 붙인 아들은 몽마르트 거리를 미친 듯이 돌아다니며 닥치는 대로 그림을 그렸으며, 마침내 뛰어난 화가로 성공해 어머니를 능가하는 명성을 얻게 되었다.

그러나 여전히 정서적으로 매우 불안정했던 위트릴로는 수시로 정신병원을 드나들며 알코올 중독에 빠져 폐인처럼 지내야만 했다. 어머니와 아들 두 사람 모두 아버지가 누구인지도 모르고 온전한 가정에서 정규 교육조차 제대로 받지 못하고 자랐기 때문에 그야말로 제멋대로인 삶을 살아갈 수밖에 없었을 것이다.

　수잔 발라동은 미혼모가 된 이후에도 애정생활에 만족을 느끼지 못하고 작곡가 에릭 사티와 내연 관계를 맺는 등 문란한 사생활을 계속했는데, 사티와 헤어진 뒤에는 주식중개인 폴 무시와 결혼했으나 결국 그와도 헤어지고 오십을 바라보는 나이에 20대의 젊은 화가 앙드레 위테와 재혼해 20년을 함께 살았다.

　발라동은 아들 위트릴로의 소개로 위테를 만나 사랑에 빠지게 된 것인데, 위테와 위트릴로는 거의 동년배인 친구 사이였으니 참으로 기묘한 부자관계였다고 할 수 있다. 그래도 이들이 함께 단란하게 찍은 가족사진을 보면 그런 어색한 분위기를 느끼기 어렵다. 사진에서 수염을 기르고 앉아 있는 사람이 아들 위트릴로이며, 발라동의 옆에 서 있는 인물이 연하의 남편 위테다.

　발라동은 자신의 가족들을 모델로 작품을 그리기도 했는데, 위테와 발라동, 그리고 시어머니 마들렌이 서 있고, 아들 위트릴로는 맨 앞에 턱을 괴고 앉은

1919년과 1920년의 가족사진. 발라동과 남편 위테, 아들 위트릴로(콧수염)

모습을 보여 준다(그림 1). 뿐만 아니라 발라동
은 자신과 위테를 모델로 〈아담과 이브〉를 그
렸으며(그림 2), 위테 역시 발라동의 누드를 그
리기도 했다.

그림 1 발라동, 가족의 초상, 1912년, 오일용 캔버스, 98×
73.5cm, 파리, 오르세 미술관

그림 2 발라동, 아담과 이브, 1909년, 162×131cm, 파리, 퐁피
두센터 현대미술관

그림 3 발라동, 자화상, 1883년, 파스텔화, 43.5×
30.5cm, 파리, 퐁피두센터 현대미술관

발라동이 위트릴로를 낳았던 18세 때 그린 자
화상을 보면 불만에 가득 차서 몹시 화난 표정을
짓고 있는데, 그도 그럴 것이 화가로서의 첫 출발
부터 미혼모라는 불명예를 안고 있었으니 마음이
썩 편치는 않았을 것이다(그림 3). 하지만 단지 그런

이유 한 가지만으로 그녀의 불만스러운 표정을 설명하긴 어렵겠다. 어쩌면 사생아 출신인 자신 또한 사생아를 낳는 악순환을 반복하고 있다는 사실 자체가 그녀에게 엄청난 자괴감을 불러일으켰기 쉬우며, 자신이 살아온 밑바닥 인생에 대한 원망과 자조감이 그녀를 환히 웃지 못하게 만든 요인도 되었을 것이다. 그런 점에서 르누아르가 그녀를 모델로 그린 초상화에서 보여 주는 화사한 모습의 발라동과는 전혀 다른 느낌을 받는다 (그림 4, 5).

그림 4 르누아르, 부지발의 무도회, 1883년, 오일용 캔버스, 180×98cm, 미국, 보스턴 미술관

그림 5 르누아르, 수잔 발라동의 초상, 1885년, 오일용 캔버스, 56×47cm, 독일 바덴, 랑마트 미술관

오히려 로트렉이 그린 그녀의 모습이 발라동의 실제 모습에 더욱 가까울지 모른다. 로트렉은 다소 어둡고 침울한 표정의 발라동을 묘사하고 있는데, 비록 정장 차림이긴 하나 뭔가 못마땅한 듯이 시무룩한 표정을 짓고 있는 그녀의 모습은 마치 상을 당한 미망인을 연상시킨다(그림 6, 7). 더 나아가 로트렉은 〈숙취〉라는 제목의 작품에서 보듯이 몹시 화난 표정의 발라동이 술기운에 절어 있는 모습을 그리고 있어서 르누아르에 비해 그녀의 내면 상태를 더욱 정확하게 포착한 듯이 보인다(그림 8).

그림 6 로트렉, 발라동의 초상, 1885년, 오일용 캔버스, 55×46cm, 아르헨티나 부에노스 아이레스, 국립미술관

그림 8 로트렉, 숙취, 1888년, 오일과 분필, 47×56cm, 미국 하버드대학, 포그 미술관

그림 7 로트렉, 발라동의 초상, 1886-1887년, 오일용 캔버스, 55×45cm, 코펜하겐, 니 칼스버그 미술관

젊은 시절 문란한 사생활로 제멋대로인 삶을 지냈던 발라동은 30대에 들어서서 여전히 불만에 가득 찬 모습을 보이고 있음을 당시 그녀가 그린 자화상을 통해서 알 수 있는데, 치켜올린 짙은 눈썹과 다소 일그러진 입술 모양이 잔뜩 화가 나 있는 표정이다(그림 9). 애정결핍에 시달리던 그녀의 욕구를 충족시켜 줄 이상적인 남성을 찾지 못한 데다 화가로서의 인정조차 제대로 받지 못하던 시절이었으니 그럴 만도 했을 것이다.

그림 9 발라동, 자화상, 1898년, 오일용 캔버스, 26.7×40cm, 미국 텍사스, 휴스턴 미술관

50대 초반에 이른 발라동의 모습 역시 마찬가지로 뒷면의 붉은 배경이 그녀의 불만스러운 심경을 더욱 잘 대변해 주는 듯이 보인다(그림 10). 그러나 비슷한 시기에 그린 다른 자화상에서는 화사한 모습의 상반신 누드 상태로 풍만한 몸매를 과시하고 있어서 그녀의 기분이 들쑥날쑥함을 알 수 있다(그림 11).

그림 10 발라동, 자화상, 1916년, 카드보드에 유채, 43.1×34cm, 개인 소장

그림 11 발라동, 자화상, 1917년, 오일용 캔버스, 65×60cm, 개인 소장

그림 12 발라동, 푸른 방의 자화상, 1923년, 오일용 캔버스, 90×116cm, 파리, 퐁피두센터 현대미술관

반면에 50대 말에 그린 〈푸른 방의 자화상〉에서는 침대 위에 파자마를 걸치고 비스듬히 누워 한가하게 담배를 피우고 있는 모습을 보여 주고 있지만, 그녀의 표정은 오히려 무덤덤하고 다소 시무룩한 상태임을 알 수 있다(그림 12). 더군다나 그녀의 몸매도 예전과 달리 볼품없고 뚱뚱해 보여 세월의 무상함을 느끼게 하는데, 60대 초반에 그린 자화상에서는 거울에 비친 자신의 모습을 몹시

떨떠름한 표정에 실망스러운 눈빛으로 바라보고 있다(그림 13). 발라동은 그렇게 나이가 들어가는 자신의 모습에 실망을 금치 못하면서도 그런 곤혹스러운 심경을 끊임없이 화폭에 옮기는 작업을 통해 스스로를 달랜 것으로 보인다.

그림 13 발라동, 자화상, 1927년, 오일용 캔버스, 62×50cm, 프랑스 싸누와, 위트릴로 미술관

1926년, 이젤 앞의 발라동

부모의 사랑을 받고 자란 경험이 없는 발라동은 애정에 대한 갈망에 사로잡혀 있으면서도 정작 한군데 마음을 정착하지 못하는 매우 불안정한 모습을 보였는데, 60대 중반에 그린 자화상에서는 자신의 상반신 누드를 바라보며 시들어 버린 자신의 모습에 실망하고 시큰둥한 표정을 짓고 있으며(그림 14), 나이 70에 이른 나이에 그린 자화상을 보면 허름한 옷차림에 쓸쓸한 미소를 띠고 자신의 모습을 지켜보고 있다(그림 15).

그림 14 발라동, 자화상, 1931년, 오일용 캔버스, 46×38cm, 개인 소장

그림 15 발라동, 자화상, 1934년, 오일용 캔버스, 41.3×33cm, 개인 소장

269

그녀의 그런 정서적 불안정은 아들 위트 릴로에게서도 그대로 발견되는데, 그녀가 그린 아들의 초상화나 아들과 함께 찍은 사진에서도 보듯이 위트릴로 역시 불만에 가득 찬 모습으로 결코 평온한 상태가 아니었음을 알 수 있다(그림 16). 위트릴로는 나이 52세에 이르러 뒤늦게 결혼했지만, 당시 발라동은 남편 위테에게도 식상한 나머지 이혼한 직후로, 그 후 3년 뒤에 더 이상 세상에 미련이 없다는 듯 훌쩍 세상을 떠나 버렸다.

그림 16 발라동, 위트릴로의 초상, 1921년, 오일용 캔버스, 65.5× 52cm, 개인 소장

1930년, 발라동과 위트릴로

그림 17 발라동, 에릭 사티의 초상, 1893년, 오일용
캔버스, 41×21cm, 파리, 퐁피두센터 현대미술관

칠십 평생 실로 기구한 삶을 살았던 그녀였지만,
순진무구한 무명 작곡가 에릭 사티에게 크나큰 마음
의 상처를 남기기도 했다. 몽마르트에서 화려하고
자유분방한 남성편력으로 이미 정평이 나 있던 발라
동을 처음 본 순간 한눈에 반해 버린 사티는 곧바로
그녀에게 청혼했지만, 그녀는 결혼을 회피하고 동거
를 고집했다. 당시 그녀가 그려 준 사티의 초상화를
보면 매우 소심하고 내성적인 성격에 다소 괴짜였던
가난한 음악가의 모습이 잘 드러나 있다(그림 17).

그러나 두 사람의 동거생활은 6개월로 끝나고 말
았다. 무엇보다 남달리 뜨거운 열정에도 불구하고
곧바로 싫증을 잘 내는 발라동과 매우 내성적인 은둔형의 성격을 지닌 사티는
애초부터 어울릴 수 없는 커플이었다. 변덕스러운 발라동이 뒤도 안 돌아보고
그의 곁을 떠나 버리자 큰 충격과 상심에 빠진 사티는 죽을 때까지 그녀를 잊지
못하고 독신으로 살면서 알코올 중독에 빠진 나머지 결국 간경화로 세상을 뜨
고 말았다. 수잔 발라동은 사티가 죽은 후에도 12년을 더 살다가 죽었는데,
70대 고령에도 불구하고 왕성한 창작 의욕을 보이다가 작업 중에 쓰러져 곧바
로 숨을 거두었다.

케테 콜비츠

독일의 여류화가 케테 콜비츠^{Käthe Schmidt Kollwitz,} ¹⁸⁶⁷⁻¹⁹⁴⁵는 특히 가난과 전쟁에 시달리는 민중의 고통스러운 모습을 매우 어둡고도 무거운 사실주의적 화풍으로 표현했는데, 수많은 판화와 목탄화를 남겼으며, 조각에도 일가견이 있었다. 참여미술의 선각자로 꼽히는 그녀의 작품들은 우리나라 민중미술에도 큰 영향을 끼쳤다.

그녀는 동 프러시아의 쾨니히스베르크에서 집을 짓는 석수의 딸로 태어났는데, 그녀의 아버지 칼 슈미트는 매우 급진적인 사회주의를 신봉하는 인물이었으며, 어머니는 루터교 목사의 딸이었다. 어려서부터 미술에 재능이 있음을 알아본 아버지는 일찌감치 그림을 배우도록 적극 권장했으며, 소녀시절에 이미 그녀는 가난한 노동자와 농부들의 모습을 화폭에 담기 시작했다.

베를린과 뮌헨에서 미술을 공부한 그녀는 자신의 재능이 일반 회화보다는 데생에 있음을 깨닫고 노동현장의 모습을 스케치하는 데 몰두했다. 당시 그녀는 빈민들을 상대로 치료에 전념하던 의사 카를 콜비츠와 결혼해 베를린에 신혼살림을 차렸는데, 그때가 그녀로서는 가장 행복했던 시절이었다. 당시 그녀

그림 1 콜비츠, 자화상, 1891–1892년, 구아슈화, 40×32cm, 개인 소장

가 그린 자화상을 보더라도 매우 평온한 모습을 보이고 있음을 알 수 있다(그림 1~4).

그림 2 콜비츠, 테이블 앞의 자화상, 1893년, 판화, 39.7×29.6cm, 개인 소장

그림 3 콜비츠, 자화상, 1893년, 펜화, 16.7×29cm, 개인 소장

그림 4 콜비츠, 자화상, 1898년, 색채 판화, 16.5×11cm, 독일 드레스덴 미술관

아버지와 조부의 영향으로 일찍부
터 사회주의 사상을 몸에 익힌 그녀는
부르주아적인 삶에 이질감을 느끼고
전적으로 프롤레타리아 계급만을 상
대로 작품 활동을 계속해 나갔다. 두
아들을 낳은 후 그녀는 걸작 판화 〈방
직공〉과 〈종말〉 등을 그렸는데, 이들
작품 역시 불합리한 사회구조에 대항
하다 희생당한 노동계급의 비극적인
상황을 묘사한 것들이다. 그녀의 좌파

그림 5 콜비츠, 삶과 죽음(카를 리프크네흐트의 추모), 1921년, 판화, 37.1×51.9cm, 미국 캔사스대학, 스펜서 미술관

적 성향은 로자 룩셈부르크와 함께 스파르타쿠스단의 좌익 무장봉기를 일으켰
다가 우익 민병대원들에 의해 무참히 살해된 카를 리프크네흐트의 죽음을 애도
하는 그림에서도 엿볼 수 있다(그림 5).

그림 6 콜비츠, 죄수들, 1908년, 판화, 32.7×42.1cm, 개인 소장

종교개혁 당시 일어난 농민전쟁을 주제로 많은
판화를 그린 그녀는 석수였던 아버지처럼 석판화
도 남겼는데, 당시 그녀가 그린 작품 가운데 〈죄수
들〉과 〈죽은 아이를 안고 있는 여성〉은 전쟁의 비
극에 휘말린 민중의 고통을 매우 사실적으로 묘사

그림 7 콜비츠, 죽은 아이를 안고 있는 여성, 1903년, 판화, 39×48cm, 독일 브레멘 미술관

하고 있다(그림 6, 7). 마치 80년대 우리나라에서 유행했던 민중미술의 원형을 보는 듯한 느낌을 주는 이 그림들은 힘없는 민중의 고통에 함께 동참하고자 하는 그녀의 굳은 의지를 드러낸다.

그녀의 자화상은 매우 침울하고 고뇌에 가득 찬 모습을 보여 주는데, 한 손으로 이마를 감싸고 있는 그녀의 표정이 너무도 고통스러워 보인다(그림 8). 그러나 어려서부터 만성적인 편두통을 앓았던 것으로 알려진 그녀이기에 단순히 우울증의 한 징후로 단정 짓기는 무리라 하겠다. 추정컨대 그녀는 고질적인 신경계 질환인 토드 증후군으로 인해 잦은 두통과 착시 현상에 시달린 것으로 보이는데, 아마도 그런 이유 때문에 유화를 포기하고 데생에만 매달린 게 아닐까 한다(그림 9).

그림 8 콜비츠, 손으로 이마를 짚고 있는 자화상, 1910년, 판화, 33×24.9cm, 뉴욕, 현대미술관

그림 9 콜비츠, 자화상, 1921년, 판화, 21.7×26.6cm, 미국 시애틀, 프라이 미술관

1927년, 케테 콜비츠

제1차 세계대전이 발발한 직후 작은 아들 페터가 전사하자 그녀는 자신의 참담한 심정을 〈비통해 하는 부모들〉이라는 제목의 조각상을 제작해 아들의 묘지에 세우기도 했다(그림 10). 전쟁이 끝나자 그녀는 전쟁의 참상을 알리는 데 주력하면서 평화수호를 외치며 사회민주주의 운동에 동참했는데, 〈배고픈 아이들〉은 이 시기에 나온 작품이다. 음식을 달라고 빈 그릇을 앞다퉈 내미는 아이들의 티 없이 맑은 눈동자와 표정들이 전쟁의 아픔을 극대화시킨다(그림 11).

그림 10 콜비츠, 비통해 하는 부모들, 1932년, 조각상, 벨기에 블라슬로 독일 전몰자 묘지

그림 11 콜비츠, 배고픈 아이들, 1924년, 목탄화, 35.3×50cm, 베를린, 역사박물관

1923년 56세 때 판화로 그린 그녀의 자화상은 굳게 다문 입술과 움푹 패인 눈, 그리고 눈가의 굵은 주름이 그녀가 겪어 온 고달픈 삶의 시련을 웅변적으로 드러내 보여 준다(그림 12). 그녀는 제1차 세계대전에서 작은 아들이 전사하자 극심한 우울증에 빠졌는데, 참담한 그녀의 표정으로 보아 여전히 그 상처가 아물지 못한 상태임을 보여 준다. 비통한 어머니의 심정이 그대로 살아있는 느낌이다(그림 13~15).

그림 12 콜비츠, 자화상, 1923년, 판화, 15×15.5cm, 미국 샌디에이고 미술관

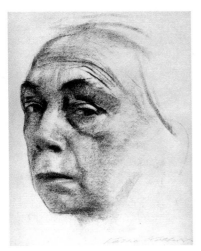

그림 13 콜비츠, 자화상, 1924년, 판화, 28.2×22.1cm, 미국 시카고, 워딩턴 미술관

그림 14 콜비츠, 자화상, 1924년, 판화, 57.8×43.8cm, 뉴욕, 센트 에티엔 미술관

그림 15 콜비츠, 자화상, 1927년, 판화, 32.1×29.8cm, 미국 텍사스, 댈러스 미술관

노년에 그린 그녀의 자화상은 백발이 무성한 그녀가 구부정한 모습으로 등장하는데, 모든 것을 체념한 듯이 보이는 그녀의 시선은 어딘가 먼 곳을 바라보고 있다(그림 16). 그러나 그녀의 표정은 읽을 수가 없다. 어두운 조명으로 검게 칠한 얼굴 때문이다. 모든 사람이 평등을 누리며 평화롭게 살기를 바랐던 자신의 소망을 이루지 못한 아쉬움이 너무도 컸기 때문일까. 아무튼 71세 나이에 이른 그녀의 모습은 보는 이로 하여금 숙연하게 만드는 힘을 발휘한다.

그림 16 콜비츠, 자화상, 1938년, 판화, 47.5×29cm, 미국 워싱턴, 국립미술관

1930년, 케테 콜비츠

나치가 집권하자 이미 60대 중반에 이른 그녀는 모든 사회적 활동에 제약을 받았을 뿐만 아니라 그녀의 작품 전시도 금지당했다. 그럼에도 당시 그녀는 죽음을 주제로 한 여러 점의 석판화를 남겼는데, 당시에 그린 그녀의 자화상 역시 자신에게 서서히 다가오는 죽음을 염두에 두고 그린 작품처럼 보인다(그림 17). 한때 게슈타포가 그녀의 집을 방문해 강제수용소로 끌고 가겠다는 협박까지 했으나 이미 나이 70에 이른 데다가 국제적인 명성을 고려해 더 이상 그녀를 괴롭히지는 않았다.

그림 17 콜비츠, 죽음의 호출(자화상), 1937년, 판화, 38×38.3cm, 개인 소장

제2차 세계대전 기간에 남편과 손자마저 잃은 그녀는 마침내 나치에 의해 베를린에서 추방되어 드레스덴 근교의 모리츠부르크로 이주했는데, 추방된 직후 베를린에 있던 그녀의 집은 연합군의 폭격으로 잿더미로 화했다. 나치가 오히려 그녀의 목숨을 구해 준 셈이 된 것이다. 하지만 이미 기력이 쇠진해진 그녀는 전쟁이 막바지에 이른 1945년 봄, 78세를 일기로 조용히 눈을 감았다. 두 차례에 걸친 전쟁을 통해 아들과 남편, 손자를 모두 잃은 그녀는 결국 종전의 기쁨을 누리지도 못하고 숨을 거둔 것이다.

파울라 베커

독일 표현주의를 대표하는 여류화가 파울라 베커Paula Modersohn-Becker, 1876-1907는 강렬한 원시적 색조와 과감한 표현을 통해 20세기 초엽 유럽 화단에 엄청난 지각변동을 예고하며 혜성처럼 등장했으나 출산 직후 색전증을 보여 31세라는 젊은 나이로 아깝게 요절한 여성이다.

독일 드레스덴 출생인 그녀는 철도회사에서 일하는 아버지와 귀족가문 출신의 어머니 사이에서 태어나 매우 지적인 분위기 속에서 성장했다. 소녀시절에 그녀의 가족은 브레멘으로 이주했는데, 17세 때 브레멘 근교에 있는 예술인 마을 보르프스베데의 화가들 작품을 보고 강한 인상을 받았다.

당시 그 마을에는 오토 모데르존, 프리츠 마켄젠, 하인리히 포겔러 등의 화가들이 예술인 공동체를 이루며 활동하고 있었는데, 그들의 반도시적인 생활을 동경했던 베커 역시 22세 때 보르프스베데 공동체에 합류해 본격적인 활동을 시작했다. 시인 릴케와 그의 아내이자 조각가인 클라라 베스트호프와 친밀관계를 맺은 것도 바로 그 무렵이었다.

그림 1 파울라 베커, 엘스베트, 1902년, 오일용 캔버스, 71×89cm, 개인 소장

1900년 베커는 로댕의 문하생으로 있던 클라라 베스트호프의 뒤를 따라 파리로 가서 프랑스 회화를 배우는 가운데 특히 세잔, 고흐, 고갱, 밀레 등의 작품에서 큰 감명을 받았다. 때마침 파리를 방문한 모데르존과 잠시 조우했던 베커는 그의 아내가 갑자기 사망하자 이듬해에 모데르존과 결혼하기에 이른다. 베커는 모데르존의 전처가 낳은 딸 엘스베트를 맡아 키우며 그녀를 모델로 많은 그림을 그리기도 했다(그림 1).

보르프스베데에 거주하면서 작품활동을 계속하던 그녀는 해마다 파리를 찾아 새로운 영감을 얻고자 했으며, 그 시기에 여류화가로서는 가장 최초로 자신의 누드 자화상을 그리는 과감함도 보였다. 당시 그녀가 그린 릴케의 초상화는 매우 단순한 구도로 이루어졌으면서도 강한 인상을 남기는 걸작으로 꼽힌다.

1905년, 파울라 베커

당시 남편 모데르존과 한동안 갈등관계에 있던 베커는 딸 마틸데를 임신하게 되면서 안정감을 되찾았지만, 출산의 기쁨을 마음껏 누리지도 못한 채 색전증으로 갑자기 숨지고 말았다. 보르프스베데 공동묘지에 세워진 그녀의 무덤은 조각가 베른하르트 회트거의 작품이며, 시인 릴케는 그의 유명한 시 〈한 친구를 위한 진혼곡〉을 써서 그녀의 죽음을 애도했다.

베커의 자화상은 시기별로 전혀 다른 모습을 보여 주고 있는데, 비록 꿈 많던 처녀시절에는 매우 청초한 이미지를 보여 주고 있는 데 반해서(그림 2), 결혼한 이후에 그린 자화상에서 보듯이 불과 5년 뒤에는 쪽진 머리를 한 주부의 모습으로 다소 침울한 표정을 띠고 있으며, 그 표현 방식 또한 매우 파격적이어서 얼굴 윤곽

그림 2 파울라 베커, 자화상, 1897년, 24.5×25.6cm, 구아슈화, 독일 브레멘, 파울라 베커 미술관

그림 3 파울라 베커, 자화상, 1903년, 유화, 109.7×71cm, 독일 브레멘 미술관

조차 불분명하게 묘사되어 있음을 알 수 있다(그림 3). 남편과의 갈등 문제로 마음이 편치 않은 자신의 모습을 있는 그대로 직면하기가 몹시 껄끄러웠나 보다. 누가 보더라도 그림의 주인공이 파울라 베커임을 알아채기 힘들 정도로 자기 자신을 숨기고 싶었던 것이 아닐까.

그림 4 파울라 베커, 결혼 6주년 기념 자화상, 1906년, 유화, 101.8×70cm, 독일 브레멘, 파울라 베커 미술관

비록 그녀는 자신의 아기를 가졌다는 기쁨에 나름대로 만족을 느끼고 그 모습을 누드 자화상에 담는 파격적인 시도를 하기도 했지만(그림 4), 당시만 해도 그 출산이 자신의 죽음을 초래하리라곤 짐작조차 못했을 것이다. 그런 시도를 통해 점차 대담해진 그녀는 더욱 원초적인 모습을 화폭에 담기 시작했는데, 특히 말년에 완성한 누드 자화상은 검은 눈동자에 두터운 입술을 지닌 동양적인 외모뿐 아니라 벌거벗은 적갈색 피부의 상체에다 머리에는 꽃을 꽂았으며, 꽃다발을 목에 걸친 채 양손에도 역시 꽃을 들고 서 있는 모습이 영락없이 폴

리네시아 원주민을 연상시키기에 족하다(그림 5).

그림 5 파울라 베커, 누드 자화상, 1906년, 오일용 캔버스, 61×50.2cm, 스위스 바젤 미술관

특히 말년에 그린 자화상은 더욱 기괴한 모습을 하고 있다(그림 6). 마치 가면을 쓴 듯이 보이는 그녀의 얼굴은 온통 분홍색으로 덧칠한 모습인데, 굵은 선으로 묘사된 눈망울과 검은 입술, 콧등은 물론, 과감하게 생략된 귀의 형태는 가녀린 아녀자의 모습으로 보기 어려울 정도다. 오히려 매우 억센 남성적인 풍모를 느끼게 하는 자화상이라 하겠다.

그림 6 파울라 베커, 자화상, 1907년, 유화, 51×41cm, 개인 소장

그림 7 파울라 베커, 자화상, 1907년, 유화, 61.5×30.5cm, 독일 에센, 폴크방 미술관

그녀가 세상을 떠난 해에 완성한 자화상 역시 뭉툭한 코와 검은 눈동자, 그리고 검게 그을린 피부색이 열대지방에 사는 토착민 여성을 연상시킨다(그림 7). 적당히 얼버무린 젖가슴 앞에 나뭇잎을 들고 미소를 머금은 모습이 원시적인 삶을 동경하는 그녀의 소망을 담고 있는 듯이 보인다.

인습적인 도시생활에 염증을 느끼고 시골마을에 살기로 작심했던 그녀의 반

문화 성향이 노골적으로 드러난 이 자화상은 얼핏 봐서는 백인 여성이 아니라 오히려 고갱의 작품에 등장하는 타히티 원주민 여성과 닮았다는 인상을 받을 정도로 원시적인 모습을 취하고 있다. 실제로 그녀는 자신의 삶의 대부분을 번잡스러운 도시생활을 떠나 전원생활을 즐기다 세상을 하직했으니 본인으로서는 여한이 없었을지도 모른다.

모딜리아니

독특한 인물화로 유명한 아메데오 모딜리아니^{Amedeo Modigliani, 1884-1920}는 이탈리아 출신의 유대인 화가로서 파리에서 무명화가로 활동하다 결핵성 뇌막염으로 36세라는 젊은 나이에 요절한 천재적인 화가다. 그는 추상미술이 대세였던 시기에도 불구하고 유달리 인물화에 집착했던 화가로 모든 것을 해체시키는 동시대의 화가들과는 달리 인간적인 관계의 복원에 힘을 쏟은 매우 드문 예에 속한다.

특히 그가 몸담았던 시대는 세기말적 냉소주의와 허무주의가 판을 치던 시기로 매우 불안정한 시대적 배경임에도 불구하고 모딜리아니는 그런 시대사조에 영합하지 않으면서 옹골지게 자신만의 독특한 예술정신을 구현시키고자 몸부림치며 살다간 시대의 이단아이기도 했다. 동시대를 살았던 피카소가 세속적인 부귀영화를 누린 반면에, 모딜리아니는 고집스럽게도 그런 현실적 타협을 거부한 채 입체파가 주도한 인간의 해체가 아니라 진정한 인간성의 복원을 위해 자신의 모든 것을 내던졌다는 점에서 진정한 휴머니스트였다고 볼 수 있다.

모딜리아니는 이탈리아 토스카나 지방의 한 작은 항구도시 리보르노에서 유대인 상인의 아들로 태어났다. 어려서부터 시적인 몽상에 몰입하기를 즐겼던 모딜리아니는 소년기에 결핵성 늑막염을 앓아 어머니와 함께 요양차 로마, 피렌체 등지를 여행했는데, 당시 접했던 이탈리아 고전 조각상에 매료된 나머지 일찌감치 조각가의 꿈을 키웠다.

어머니의 적극적인 후원에 힘입어 결국 파리로 진출한 그는 처음에는 그런대로 산뜻한 출발을 내딛는 듯 했으나 얼마 가지 않아 큰 난관에 봉착하고 말았다. 당시의 파리 화단을 주도하던 입체파, 야수파의 생경한 화풍에 당혹감을 금치 못한 그는 곧 실의에 빠졌으며, 먹고 살기 위한 방편으로 조각을 포기한 채 그림을 그리지 않을 수 없었던 것이다.

번민과 좌절의 늪에 빠진 그는 술과 마약에 손을 댔으며, 주위 동료들의 도움으로 간신히 생계를 꾸려 나가야만 했다. 특히 시인 막스 자콥과 화가 수틴 등 유대인 친구들과의 교류가 그에게는 큰 힘이 되어 주었는데, 그 외에도 화가 위트릴로와 시인 아폴리네르는 가장 가까운 술친구로 이들은 술로써 현실적인 고통을 잊고자 했다.

하지만 화가 지망생 잔 에뷔테르느를 만나 동거에 들어가면서 새롭게 태어난 그는 평소 즐기던 마약도 끊고 매우 활발한 창작 의욕을 불태웠는데, 안타깝게도 그의 행운은 거기까지였다. 평소 술과 마약에 찌들었던 그의 육체는 갑자기 엄습한 질병을 이겨 내지 못하고 쓰러져 황급히 자선병원에 옮겨졌으나 불과 수일 만에 사망하고 말았다. 사랑하는 남편의 죽음으로 몸부림치던 아내 잔은 그후 남편의 뒤를 따라 만삭의 몸으로 아파트에서 뛰어내려 자살하고 말았다.

잔 에뷔테르느

모딜리아니의 인물화는 한결같이 약간 옆으로 기울어진 갸름한 타원형의 얼굴에 백조처럼 길게 늘어진 목, 길게 찢어진 눈매, 동공이 없어 초점을 잃은 듯이 보이는 기묘한 시선, 그럼에도 다소곳이 마주 잡은 손, 계란형의 몸통 등으로 인해 실로 야릇한 긴장감과 우아한 매력을 이끌어 내는데, 이는 평소 거칠기 짝이 없고 제멋대로였던 그 자신의 모습과는 매우 다른 분위기를 연출한다.

그런 특징은 모딜리아니 자신의 자화상에도 여실히 드러나는데, 붉은 상의에 목도리를 두르고 의자에 앉아 작업에 몰두하고 있는 모습으로, 죽기 일 년 전 35세 때 모습이다(그림 1). 실제 사진에서 보듯이 영화배우 뺨치게 잘생긴 외모를 지녔던 모딜리아니였지만, 자화상에서

그림 1 모딜리아니, 자화상, 1919년, 오일용 캔버스, 100×64.5cm, 브라질, 상파울루 현대미술관

묘사한 자신의 모습은 고개를 갸우뚱 기울인 자세로 길게 늘어진 얼굴을 하고 있으며, 가늘게 째진 두 눈은 마치 감고 있는 것처럼 보여서 과연 그가 어디를 보고 있는지 무슨 감정을 드러내고 있는지 도대체 감을 잡을 수가 없다. 그렇게 아리송한 표정은 〈피에로 차림의 자화상〉에서도 엿볼 수 있는데, 여기서는 애꾸눈처럼 보이는 한쪽 눈에 아예 동공 자체가 없는 모습이다(그림 2).

그림 2 모딜리아니, 피에로 차림의 자화상, 1915년, 오일용 판지, 43×27cm, 코펜하겐 왕립미술관

288

그의 아내 잔의 초상화에서도 보듯이 갈색 머리에 갸름한 얼굴, 길게 늘어진 코와 목을 한 그녀의 모습은 매우 연약해 보이는 청순가련형 이미지의 여성을 떠올리게 하는데, 역시 동공은 보이지 않는 상태로 고개를 약간 기울인 자세를 취하고 있다(그림 3, 4). 그는 모두 26점에 달하는 잔의 초상화를 남겼으며, 천사 같은 아내 잔과 동거하면서부터 마약도 끊고 사람들과 다투는 일도 사라졌다고 한다.

그림 3 모딜리아니, 잔 에뷔테르느의 초상, 1917년, 오일용 캔버스, 55×38cm, 개인 소장

그림 4 모딜리아니, 잔 에뷔테르느의 초상, 1919년, 오일용 캔버스, 55×38cm, 개인 소장

모딜리아니가 자신의 작품 속에서 모든 인물의 목을 그렇게 가늘고 길게 묘사한 것은 시인 노천명이 〈사슴〉이라는 시에서 "목이 길어 슬픈 짐승이여"라고 노래한 것처럼 뭔가 이루지 못한 꿈을 동경하며 슬픔에 잠겨 있는 모딜리아니 자신

그림 5 모딜리아니, 잔 에뷔테르느의 초상, 1918년, 오일용 캔버스, 46×29cm, 개인 소장

의 깊은 좌절과 슬픔을 반영한 것일 수도 있다. 자애로운 어머니에 대한 그리움과 자신이 이루지 못한 조각에의 열정, 세상으로부터 인정받지 못하는 좌절감, 그리고 지독한 가난과 굶주림으로 상처받은 그의 자존심 등이 그 모든 슬픔을 담고 있는 긴 목을 통해 우러나는 듯이 보인다.

또한 그렇게 모든 인물들로 하여금 갸우뚱 고개를 기울게 한 것은 뜻대로 돌아가지 않는 삶의 모순 자체에 대한 화가 자신의 의구심을 드러낸 것일지도 모른다. 비스듬히 기울어진 얼굴은 소년시절에 그가 피렌체에서 목격한 티노 디 카마이노의 조각상에서 무한한 신비와 자애로움의 감동에 전율을 느낀 이래 그 후 자신의 모든 작품에 반영시킨 특징이기도 한데, 그런 모습을 통해 모딜리아니는 자신의 어머니에게서 느꼈던 따사로운 모성에 대한 깊은 향수를 동시에 표현했을 수도 있다(그림 5).

계란형의 몸통도 마찬가지다. 밋밋한 원주형이 아닌 보다 율동적이고 관능적인 조형미로 구성된 계란형의 몸통은 몸집이 큰 서구인들보다는 오히려 날렵

한 동양적 여인상에 가깝다. 육감적이고 풍만한 여인상에 익숙한 서구인들에게는 이러한 계란형 몸집의 인체 묘사가 매우 신선한 자극으로 전해졌을 것이다.

더욱이 타원형이 갖는 부드러운 곡선의 미묘한 매력 또한 무시할 수 없다. 그러한 곡선의 배치는 전체적인 화면의 구성을 매우 안정적으로 돋보이게 한다. 그가 이처럼 계란형 또는 타원형의 묘사에 매료된 까닭은 무엇일까. 그것은 가장 안정적인 듯 보이는 원통형의 무미건조함에 대한 반발이요, 율동적인 조형미에 대한 추구에서 비롯되었다고 볼 수 있다. 타원형은 얼핏 신경과민적이고 불안정해 보이지만 정적인 것이 아닌 역동성을 부여해 준다. 그것은 영원한 구원의 여인상인 어머니의 자태에 대한 미묘한 양가적 태도를 의미하는 것일 수도 있다. 모딜리아니의 누드화를 보면 풍요의 상징인 어머니에 대한 동경을 엿볼 수 있다.

모딜리아니는 자신의 자화상을 거의 그리지 않았는데, 그것은 아마도 자신을 공개적으로 드러내기 꺼려하는 유대인 특유의 본능적인 몸 사림의 징후일 수도 있고, 다른 한편으로는 유대인 신분으로 느끼는 소외감 또는 열등감 때문일지도 모른다. 그래서 특히 백인 특유의 쌍꺼풀과 푸른 동공을 묘사하는 데 거부감을 지녔을 수 있다. 그의 작품에 등장하는 인물들은 거의 모두 동공이 없는 상태로 동양인처럼 길게 찢어진 눈매를 하고 있기 때문이다.

그는 의도적으로 인종적 차이를 드러내는 동공 빛깔을 과감히 삭제시킴으로써 그런 편견에 사로잡히지 않고 누구나 평등하게 살아갈 수 있는 인간적 교류를 염원했던 것으로 보인다. 모딜리아니는 파리의 도시 풍경에 매료된 다른 화가들과는 달리 풍경화는 일체 그리지 않고 인물에만 집착했는데, 그가 조각에 그토록 관심을 기울인 것도 그만큼 인물에 대한 그의 집착을 엿볼 수 있게 만드는 특징 가운데 하나라 할 수 있다. 왜냐하면 조각을 통해서는 풍경을 묘사할 수 없기 때문이다. 따라서 그는 오로지 실내에서만 작업을 계속했다. 더군다나 그는 전적으로 자기 주변 인물들만 그렸는데, 그것도 대부분이 실명을 지닌 인물들이라는 점도 특색이다.

모딜리아니의 인물화에 나타난 사람들의 또 다른 특징 중의 하나는 웃음이 전혀 없다는 점이다. 살짝 웃는 미소조차 찾아보기 어렵다. 삶에 지친 모습이거나 약간 긴장된 분위기가 감돈다. 분노에 가득 찬 모습도 보이지 않는다. 절제된 안정감을 기본으로 하고는 있지만 편안하고 행복한 모습들은 결코 아니다. 실제로 모딜리아니는 좀처럼 웃는 법이 없었다고 한다.

1919년, 말년의 모딜리아니

자크 베케르 감독의 1958년 영화 〈몽파르나스의 등불〉에서는 술주정뱅이에다 인생낙오자인 모딜리아니의 비극적인 최후를 다루고 있지만, 영화의 대부분을 악덕 화상 모렐과의 관계에만 초점을 맞춘 감이 없지 않아 아쉬움을 남긴다. 아니 오히려 그의 삶을 몹시 왜곡했다는 악평까지 들어야 했다.

짧은 생애 동안 수많은 전설적 에피소드를 남긴 모딜리아니의 실체는 자세히 알고 보면 위대한 영웅도 구제불능의 악동도 아니다. 그는 단지 열정과 이상 그리고 냉엄한 현실적 고통 사이에서 갈등하고 방황하며 살다 간 한 무명의 화가였을 뿐이다. 그럼에도 그는 자신의 천부적인 재능을 통해 동시대의 그 어떤 화가보다 매우 인간적인 분위기의 작품들을 화폭 위에 담았다. 비록 그에게 주어진 유일한 위안은 그림에 몰두하는 일 이외에 술과 마약, 그리고 헌신적인 한 여인의 사랑밖에 없었지만, 세상은 끝까지 그를 받아 주지 않았으며, 그로 인한 심리적 상처는 오로지 자신이 창조한 화폭 속에서나 치유될 수 있었다.

모딜리아니보다 좀 더 오래 살았던 유대인 친구 막스 자콥은 1944년 나치의 한 수용소에서 굶어 죽었다. 모딜리아니 역시 일찍 요절하지 않고 그처럼 좀 더 오래 살았다 하더라도 나치의 마수에서 벗어나기 어려웠을 것이다. 그런 점에서 모딜리아니는 치욕적인 삶의 굴욕을 겪지 않아도 되었으니 개인적으로는 오히려 다행이었을 수 있다. 물론 그가 더 오래 살았다면 더욱 많은 걸작을 남겼겠지만 말이다.

물론 그는 매우 자기파괴적인 어두운 영혼의 소유자였음에 틀림없지만, 그럼에도 안정적인 구도의 작품을 계속 그렸다는 사실이 다소 의외라면 의외겠다. 역대 화가들 가운데 가장 뛰어난 용모를 지녔던 그는 냉엄하고도 비정한 현실과의 타협을 끝까지 거부한 채 자신이 받은 나르시시즘적 상처와 욕구의 좌절을 세상에 대한 원망이나 분노로 표현한 것이 아니라 오히려 자학적인 체념에 가까운 자기 침잠을 통해 희석시킨 것으로 보이는데, 실제로 그의 수많은 인물화에서도 보듯이 자신의 작품 속에서는 그런 분노나 적개심을 일체 드러내지 않고 있다.

그런 점에서 모딜리아니는 사실적인 인물 묘사가 아니라 인간적 교류를 통한 내면적 실상을 포착하는 데 더욱 주력하고 이를 형상화시킨 것으로 볼 수 있다. 따라서 모딜리아니의 인물화에서 느끼는 사람다움의 냄새는 지극히 자연스러운 반응이다. 인간해체, 인간부재를 특징으로 하는 현대회화에서 유독 모딜리아니의 존재가 돋보이는 이유도 오로지 인간에 관심을 기울이고 살아 숨쉬는 사람만을 그림으로써 그가 얼마나 인간적인 관계를 사랑하고 열망했던가 하는 사실을 수많은 사람으로 하여금 공감을 불러일으키게 하는 데 있다.

물론 현실에 안주하지 못하는 그의 창조적인 도전정신과 비타협적인 태도는 모딜리아니의 삶을 더욱 고통에 빠트리는 주된 원인이 되기도 했지만, 인물상에 그토록 강한 집념을 보인 그의 독특한 개성은 인간 소외의 현대사회에 그 어떤 경종을 울리는 예언자적 면모를 엿보이게 하는 대목이기도 하다. 인간적 삶에 대한 그의 회구는 결국 모성적 사랑에 대한 갈구인 동시에 내면적 진실의 소중함을 일깨우는 시적 표현이 아닐까 한다.

에곤 쉴레

매우 기괴하고도 도발적인 그림으로 유명한 에곤 쉴레 Egon Schiele, 1890–1918는 28세 나이로 요절한 오스트리아의 표현주의 화가로, 죽음에 대한 공포와 실존적인 불안, 은밀한 관능적 욕망 사이에 벌어지는 내적 고통과 투쟁을 왜곡되고 뒤틀린 육체적 형태의 모습으로 거칠게 묘사함으로써 성과 죽음의 주제를 인간의 소외와 단절과 연결 지어 노골적으로 드러낸 특이한 작가다.

하지만 원래 쉴레의 실제 모습은 20대 젊은 나이로 요절한 할리우드의 전설적인 배우 제임스 딘처럼 매우 반항적인 이미지가 돋보이지만 제임스 딘보다 오히려 더 준수한 외모를 지녔다고 할 수 있을 정도로 잘생긴 인물이다. 정통적인 화법으로 그린 16세 때의 자화상을 보면 특히 그렇다(그림 1). 비록 자신을 노려보는 눈초리가 매섭기는 하지만 야성적인

그림 1 에곤 쉴레, 자화상, 1906년, 목탄화, 45×35cm, 스페인 빌바오, 구겐하임 미술관

매력이 넘쳐 보이는 모습이다.

그림 2 에곤 쉴레, 자화상, 1910년, 구아슈화, 62.7×44.5cm, 빈, 레오폴드 미술관

그림 3 에곤 쉴레, 자화상, 1911년, 수채화, 51.4×34.9cm, 뉴욕, 메트로폴리탄 미술관

쉴레의 자화상이 지닌 특징은 매우 도발적이고도 적나라한 누드화라 할 수 있다. 앙상한 체격과 더불어 자신의 성기를 과감하게 드러내 보인다(그림 2, 3). 심지어는 자위행위를 하는 모습까지 보여 준다(그림 4, 5). 하지만 그 표정은 쾌락의 순간마저 아무런 흥분도 보이지 않을뿐더러 오히려 고통에 일그러진 모습이다. 팔다리는 기묘한 포즈로 뒤틀려 있고 그의 얼굴은 살아 있는 인간이 아닌 마치 좀비처럼 보이기도 한다(그림 6). 이마의 굵은 잔주름과 가늘고 긴 흉측한 손마디는 20대 나이라기보다는 오히려 80대 노인의 몰골이다.

그림 4 에곤 쉴레, 에로스, 1911년, 구아슈화, 55.9×45.7cm, 개인 소장

그림 5 에곤 쉴레, 검은 자켓을 입은 자화상, 1911년, 48×32.1cm, 빈, 알베르티나 미술관

그림 6 에곤 쉴레, 자화상, 1910년, 연필과 수채, 55.8×36.9cm, 빈, 알베르티나 미술관

물론 에곤 쉴레가 누드 자화상만 그린 것은 아니다. 하지만 옷을 걸친다고 해서 그의 고통스러운 내면을 감출 수는 없을 것이다. 모처럼 입은 정장 차림의 자화상에서도 역시 헝클어진 머리와 불만에 가득 찬 시선으로 정면을 노려보고 있는데, 얼굴과 손등에 묻은 물감자국을 지우지도 않고 꼿꼿한 자세로 서 있는 모습이 매우 도발적인 태도임을 알 수 있다(그림 7).

그림 7 에곤 쉴레, 조끼를 입은 자화상, 1911년, 구아슈화, 34×52cm, 개인 소장

그림 8 에곤 쉴레, 자화상, 1910년, 구아슈화, 44.3×30.5cm, 빈, 알베르티나 미술관

한순간도 가만히 있지 못하는 그는 자화상을 그릴 때조차 여전히 한쪽 눈을 잡아당기는 등 자신의 몸을 계속 괴롭히는 모습이다(그림 8). 그나마 조용히 서 있을 때도 그의 자세는 항상 비틀어져 있거나 움직이는 자세를 취하고 있으며(그림 9, 10), 그렇지 않을 경우에는 몹시 불만에 가득 찬 표정을 짓고

그림 9 에곤 쉴레, 자화상, 1912년, 수채화, 32.2×39.8cm, 빈, 레오폴드 미술관

그림 10 에곤 쉴레, 자화상, 1911년, 수채화, 48.2×31.7cm, 빈, 알베르티나 미술관

있다(그림 11).

그림 11 에곤 쉴레, 자화상, 1910년, 수채화, 44×30.5cm, 빈, 레오폴드 미술관

그림 12 에곤 쉴레, 자화상, 1910년, 수채화, 45.1×31.7cm, 개인 소장

그림 14 에곤 쉴레, 오렌지 자켓을 입은 자화상, 1913년, 연필과 수채, 48.3×31.7cm, 빈, 알베르티나 미술관

그런데 그는 왜 자신의 모습을 그토록 끔찍스러운 흉물로 표현했을까. 그것은 아마도 지독한 자기혐오 및 자학적인 몸부림의 표현일지 모른다. 더욱이 텅 빈 여백으로 남겨진 배경은 소통의 단절과 고독을 암시한 것으로 보이기도 하지만, 그 자신의 내면적인 공허감을 드러낸 것일 수도 있다 (그림 12, 13, 14).

그림 13 에곤 쉴레, 자화상, 1910년, 수채화, 43.1×27.5cm, 빈, 알베르티나 미술관

특히 그의 반골기질은 제1차 세계대전을 통해 드러난 미쳐 돌아가는 세상에 대한 절망과 좌절, 분노의 표현일 수 있으며, 세기말적인 허무주의와 퇴폐주의를 드러낸 것일 수도 있다. 그러나 무엇보다 중요한 점은 쉴레 자신의 좌충우돌하는 자기파괴적 성격과 정서적 불안정이라 할 수 있으며, 특히 성적인 불안감이 죽음에 대한 공포와 맞물려 그를 더욱 괴롭힌 것으로 보인다.

쉴레는 오스트리아 남부 툴른에서 시골 역장의 아들로 태어나 어려서부터 기차를 그리며 많은 시간을 보냈다. 학교에 들어가서는 매우 수줍음이 많고 숫기가 없어 친구들과 잘 어울리지 못해 애를 먹었다. 게다가 쉴레는 여동생 게르트루드에게 근친상간적인 행동을 보여 아버지에게 혼나기 일쑤였으며, 심지어는 아버지가 둘이 함께 들어가 있는 방문을 부수기까지 하는 일도 있었다.

그림 15 에곤 쉴레, 클로스테르노이부르크, 1905년, 구아슈화, 37×46cm, 독일 하노버, 작소니 국립미술관

그렇게 부모의 속을 태우던 쉴레는 15세가 되었을 때 아버지가 매독으로 세상을 떠나자 허락도 없이 어린 누이동생을 데리고 트리에스테까지 기차여행을 떠나 호텔방에서 함께 하룻밤을 보내기까지 했다. 그 후 외삼촌의 보호 아래 그림을 배우기 시작한 쉴레는 클림트를 찾아가 지도를 요청했으며, 그의 재능을 인정한 클림트는 쉴레의 작품들을 전시할 수 있도록 주선해 주기도 했다. 당시만 해도 그는 정통적인 화법으로 도시 풍경 및 인물화를 그렸는데, 15세 때 그린 풍경화나 17세 때 그린 〈어머니의 초상〉을 보면 이미 그때부터 뛰어난 실력을 보이고 있었음을 알 수 있다(그림 15, 16).

그림 16 에곤 쉴레, 어머니의 초상, 1907년, 오일용 판지, 20.7×19.9cm, 개인 소장

21세가 되었을 때 당시 모델이었던 17세의 발리와 만난 쉴레는 숨 막힐 정도로 폐쇄적인 도시 빈을 벗어나기 위해 그녀와 함께 어머니의 고향이기도 한 보헤미아의 크루마우로 이주했지만, 그곳에서마저 주민들로부터 따돌림을 당하고 쫓겨나고 말았다. 인습에 얽매이지 않고 제멋대로 사는 생활태도와 현지 소녀들을 모델로 그림을 그린 게 주민들의 원성을 샀기 때문이다.

두 남녀는 빈 근교에 위치한 노일렌바하로 거처를 옮겼지만, 그곳에서도 그의 작업실은 현지 비행소년들의 집합소가 됨으로써 주민들의 반감을 사고 말았다. 결국 쉴레는 어린 미성년의 소녀를 유혹한 혐의로 경찰에 체포당하는 수모를 겪어야 했다. 그의 작품을 압수한 경찰은 그것을 외설적인 음란물로 간주했으며, 법정에서 판사는 쉴레의 그림을 촛불에 태워버리기까지 했다. 비록 납치 및 유혹 혐의는 기각되었지만, 외설적인 그림을 아동들에게 접근 가능하도록 유도한 사실은 유죄로 인정된 것이다. 당시에 그린 자화상을 보면 그런 현실에 불만을 품은 분노의 표정이 역력히 드러난다(그림 17).

그림 17 에곤 쉴레, 자화상, 1912년, 연필과 수채화, 46.5×31.5cm, 개인 소장

감옥에서 풀려난 쉴레는 빈 근교에 작업실을 차리고 그림에 열중했는데, 이웃에 사는 자물쇠 장수의 딸 에디트에 이끌려 결혼하고자 했다. 물론 발리와의 관계는

결혼 후에도 그대로 유지하고 싶어
했지만, 그의 설득에도 불구하고 발
리는 그런 무모한 제안을 일언지하
에 거절하고 그의 곁을 떠나 버렸다.
당시 그가 그린 발리의 도발적인 모
습은 〈빨간 블라우스의 발리〉에서
찾아볼 수 있다(그림 18).

그림 18 에곤 쉴레, 빨간 블라우스의 발리, 1913년, 구아슈화, 80×60cm,
개인 소장

부모의 반대를 무릅쓰고 마침내 에디트는 쉴레와 결혼을 강
행했지만, 결혼한 지 불과 사흘 만에 쉴레는 입대 영장을 받게
되었다. 제1차 세계대전의 발발로 그는 더 이상 징집을 피할
수 없는 처지가 된 것이다. 다행히 그는 사령관의 배려로 전선
에 배치되지 않고 러시아군 포로수용소에 근무하며 그림을 계
속 그릴 수 있는 특혜까지 받아 포로들을 대상으로 그림을 그
리는 가운데 수시로 에디트를 자유롭게 만날 수 있는 특권도
누렸지만, 당시 그가 그린 에디트의 모습을 보면 삶에 지쳐 힘
겨워하는 기색이 역력하다(그림 19).

그림 19 에곤 쉴레, 에디트 쉴레의 초상,
1915년, 수채화, 50×40cm, 개인 소장

그림 20 에곤 쉴레, 죽어 가는 에디트 쉴레, 1918
년, 목탄화, 44×29.5cm, 런던, 국립미술관

1917년 빈으로 다시 돌아온 쉴레는 창작욕에 불타올라 정력적인 작업을 계속해 나갔으며, 그의 명성도 날이 갈수록 높아져 갔다. 그러나 1918년 가을, 유럽 전역을 강타해 수백만의 목숨을 앗아 간 스페인 독감으로 임신 6개월의 아내 에디트가 숨을 거두고, 3일 후에는 쉴레마저 세상을 떠났다. 그의 나이 불과 28세였다. 그런데 그의 마지막 유작은 죽어가는 아내의 모습을 스케치한 것으로(그림 20), 본인 자신도 사경을 헤매는 순간에 마지막 혼신의 힘을 다해 아내의 모습을 화폭에 담은 쉴레의 집념이 실로 대단하지 않은가. 사실 그런 경우는 미술의 역사에서도 전무후무한 예라고 할 수 있겠다.

에필로그

　미술의 역사는 상당히 오래되었다. 특히 서양미술은 회화가 발달하기 이전부터 조각에 뛰어난 솜씨를 보였는데 그리스, 로마 문화에서 그런 경향이 더욱 두드러진다. 하지만 기독교 문명의 영향으로 인해 중세 천 년 동안 서양미술은 종교화가 주를 이루었으며, 아랍세계는 뛰어난 조형미와 색채감각을 겸비한 건축술에서 장기를 발휘하기도 했다. 반면에 동양미술은 유교문화권을 중심으로 색채를 무시한 수묵화가 발전했으며, 불교의 영향으로 불상 제작에 중점을 두기도 했다.

　물론 이 책을 통해서 소개한 화가들은 모두 서양미술을 대표하는 인물들이다. 왜냐하면 자화상을 통해 살펴본 화가의 심리를 탐색한다는 취지 때문이다. 동양화가들은 인물보다 자연의 묘사에 치중했을 뿐만 아니라 자화상을 거의 그리지 않았으니 그럴 수밖에 없었다. 하기야 서양미술에서도 자화상에 관심을 보이기 시작한 것은 르네상스 시대부터였으니 자화상의 역사는 생각보다 그리 오래되지 않았다고 할 수 있다.

　그런 점에서 특히 르네상스 시대는 미술의 역사에서 중대한 전환점을 마련한 시기라 할 수 있다. 신화와 종교의 주제에서 벗어나 인간에 대한 관심으로 과감한 변화가 이루어진 시대였기 때문이다. 다만 동양미술에서는 주로 자연에만 관심을 치중하다 보니 그런 혁신적인 변화의 기회를 갖지 못했다는 점이 아쉬움으로 남는다.

더욱이 자화상의 측면에서 보자면, 현대 우리나라의 서양화가들조차 자화상을 거의 그리지 않고 있어서 자기 자신을 드러내기 몹시 꺼려 하는 유교문화권의 특성을 감지할 수 있으며, 동시에 비교적 자유로운 영혼의 소유자인 예술가들조차 그런 보이지 않는 제약에서 아직도 심리적으로 자유롭지 못하다는 사실을 새삼 느끼게 된다.

어쨌든 거울에 비친 자신의 모습을 과감하게 화폭에 옮긴 화가들의 용기는 아무리 위대한 조각가나 음악가라 할지라도 감히 엄두를 낼 수 없는 화가들만의 고유한 특권이기도 하다. 이 책에서 소개한 화가들의 자화상에서도 엿볼 수 있듯이 대부분의 자화상은 결코 행복한 모습들이 아니다. 그들의 표정에서 만족스러운 모습을 보기 힘든 이유는 물론 개인적 갈등에서 비롯된 불만과 고뇌의 표시일 수도 있겠지만, 이상과 현실 사이의 괴리에서 오는 심리적 부담감 또한 적지 않은 영향을 끼쳤을 것으로 보인다.

우리는 매일처럼 거울을 바라보고 산다. 하지만 거울 속에 비친 나의 모습은 그날그날 기분에 따라 달리 보이기도 한다. 특히 감수성이 예민한 화가들의 경우, 거울에 비친 자신의 모습을 화폭에 옮기는 과정에서 매우 복잡한 심리적 상태에서 작업을 진행하기 마련일 것이다. 더욱이 강렬한 창작 욕구를 느꼈을 때 거침없이 붓을 집어 든 경우가 많다는 점을 고려한다면 화가의 감정상태가 작품 배경에 가장 중요한 원동력이 될 것으로 본다.

화가의 자화상은 우리가 스스로 찍는 사진과 그 차원이 너무 다르다. 사진에서는 항상 웃으며 만족스러운 표정을 지어야 하지만, 자화상은 화가 자신의 내면을 여과 없이 드러낸다는 점에서 특히 그렇다. 그런 점에서 화가의 자화상은 마치 그림으로 그린 자신의 일기장과도 같은 것이라 할 수 있다. 일종의 그림일기처럼 말이다. 또한 우리는 그런 자화상을 통해 화가의 심리적 일면을 엿볼 수 있다는 행운의 기회도 얻을 수 있다. 자화상을 남긴 화가도 그런 감정의 공유를 기대하고 자신의 내면을 과감하게 드러냈을 것이다. 그렇게 보면 자화상이야말로 가장 인간적인 교류의 장을 열어 주는 지름길처럼 보이기도 한다.

독자 여러분은 어린 시절 그렸던 자신의 그림일기를 펼쳐 본 적이 있는가. 아니면 자신이 은밀히 쓴 일기장을 소중히 보관하며 때때로 읽어 본 적이 있는가. 만약 그렇다면 남다른 감회나 감상에 젖어 가슴 뭉클한 경험을 해 보았을 수도 있을 것이다. 저자 역시 그런 경험이 있다. 글이나 그림이 주는 감동은 그 속에 담긴 메시지 때문이다. 이 책에서 소개한 화가들의 자화상에서도 우리는 무언의 메시지를 읽을 수 있다. 비록 그들은 아무 말이 없지만, 우리를 바라보는 그들의 시선과 표정, 자태에서 많은 메시지를 읽게 되는 것이다.

저자는 그런 메시지의 배경에 관심을 두고 이 책을 썼다. 왜냐하면 그런 배경을 이해하지 못하고 자화상을 접하게 되면 어째서 그런 작품을 남겼는지 동기 자체를 알 수 없기 때문에 자화상에 담긴 화가의 심리적 내면세계에 대한 공감 능력이 떨어질 수밖에 없을 것이다. 공감이 부족하면 감동 자체도 솟아나기 어렵다. 그런 점에서 자화상은 단지 거울에 비친 화가의 모습을 영구적으로 보존한다는 기능에 그치는 것이 아니라 화가 자신의 갈등적인 삶 자체가 녹아 있는 일종의 블랙박스라 할 수 있겠다.

우리는 화가의 그런 갈등적인 내면세계를 이해하게 되면서 자화상이 단순한 자기복제 수단이 아니었음을 알게 되며, 화가의 힘겨운 삶에 공감을 하고 그 어떤 감동을 얻게 되는 것이 아니겠는가. 저자가 독자들에게 바라는 것은 대단한 게 아니다. 자화상을 통해 화가의 심리적 세계를 이해하는 것이다. 화가의 삶을 이해하고 자화상을 뚫어져라 바라보면서 화가의 시선과 마주칠 때, 남다른 감동을 느낄 수 있을 것이다. 더 나아가 거울에 비친 우리 자신의 모습을 통해서도 '과연 나라는 존재는 어떤 상태인가' 되돌아볼 수 있는 기회가 되기를 바란다.

정신분석 용어 해설

강박신경증obsessive-compulsive neurosis: 주로 강박적인 성격에서 보이는 특성으로 이런 사람들은 매우 사변적이며, 강박적인 사고obsession와 강박적 행동compulsion에 매달리고, 완벽주의, 원칙주의, 의구심, 청결벽, 인색함, 주도면밀성, 우유부단성, 감정적 냉담성, 도덕주의, 금욕주의, 일중독 등에 얽매여 매우 고지식하고 융통성 없이 살아가기 쉽다.

거세공포castration fear: 프로이트에 의해 확립된 개념으로 아동기 시절에 남자 아이는 어머니에 대한 근친상간적 욕망과 환상을 품기 마련이지만, 그런 욕망을 지녔다는 이유로 자신의 강력한 라이벌인 아버지의 보복을 두려워하기 쉬운데, 물론 그런 보복은 거세당하지나 않을까 하는 공포심을 불러일으키고 결국에는 그런 두려움을 극복하기 위한 방편으로 아버지의 남자다운 특성을 동일시하게 된다는 것이다. 반면에 여아의 경우는 자신에게 남근이 없다는 사실로 인해 남근선망penis envy의 태도를 지니게 되고 남성들과 경쟁하는 모습으로 발전하기도 한다.

광장공포증agoraphobia: 사람들이 많은 공공장소에 대한 극심한 두려움을 말한다. 이런 증상이 있는 사람들은 혼자 외출하기를 꺼리게 되고 동반자가 곁에 있을 경우에만 간신히 외출하기도 한다. 대중교통을 이용하는 데 어려움을 느끼며, 극심한 불안 때문에 혼자 길을 가다 쓰러질까 두려워하는 수가 많다.

근친상간적 욕구incestuous wish: 이성인 부모에게 지니는 아이의 감정과 태도를 말하는 것으로 반드시 성적인 의미로 사용하는 용어는 아니다. 남아는 어머니에게, 그리고 여아는 아버지에게 더욱 친밀감을 느끼고 접근하는데, 경우에 따라서는 오히려 부모 쪽에서 그런 태도를 조장하기도 한다.

나르시시즘narcissism: 자기애自己愛로 번역된다. 인간은 누구나 다 자기를 사랑하기 마련이지만, 특히 젖먹이 시절에는 전적으로 나르시시즘 상태에 빠져 있다고 보는데, 그런 점에서 자기애는 지나친 자기 사랑 또는 매우 자기중심적인 성향을 지칭하는 것으로 매우 미숙한 형태의 심리상태를 뜻한다고 할 수 있다. 따라서 나르시시즘 경향이 두드러진 사람은 타인에게는 관심이 없으며, 오로지 자신의 이익을 위해 타인을 이용만 할 뿐 건전한 대인관계를 이루지 못하는 약점을 지닌다. 이들의 가장 중요한 결함 가운데 하나는 타인의 입장을 이해하지 못하는 공감 능력의 결여라 할 수 있으며, 그래서 매우 냉담하고 이기적이며 정이 없는 사람으로 보이기 쉽다.

동일시identification: 건전한 인격발달 과정에서 가장 중요한 정신방어기제에 속하는 것으로 남아는 아버지의 특성을, 그리고 여아는 어머니의 특성을 자신의 내면에 받아들여 제각기 남성다움과 여성다움의 특징을 형성하게 되는데, 이런 과정은 가장 바람직한 형태로 간주되지만, 경우에 따라서는 병적 동일시, 적대적 동일시, 나르시시즘적 동일시처럼 미숙한 형태로 발전하기도 한다. 무능력한 부모 대신 카리스마적인 지도자를 동일시하는 경우는 병적 동일시pathological identification에 속하며, 포악한 술주정뱅이 아버지를 증오하면서도 그런 아버지를 동일시해 그 자신이 아버지처럼 똑같이 술주정뱅이 폭군이 되거나 처자식을 버리고 가출한 아버지처럼 그 자신도 나중에 똑같은 짓을 벌이는 경우는 적대적 동일시hostile identification라고 한다.

마돈나-창녀 콤플렉스 Madonna-whore complex: 병적으로 왜곡된 애정관계의 결함을 나타낸 것으로 정상적인 부부관계를 가질 수 없으면서도 창녀와는 성행위가 가능한 비정상적인 상태를 말하는데, 자신이 숭배하는 어머니에 대해 성스럽고 이상적인 이미지를 지니고 있기 때문에 어머니의 상징적 대리인인 아내에게 불안과 죄의식을 느껴 성적인 접근을 하지 못하는 대신 죄의식을 느끼지 않아도 되는 부도덕한 창녀와는 정상적인 성관계를 맺을 수 있게 된다.

반동형성reaction formation: 정신방어기제의 하나로 내면에 감추고 있는 감정과 정반대의 태도를 겉으로 취하는 경우를 말하는데, 예를 들어 내면적으로는 항상 성적인 유혹에 시달리는 사람이 겉으로는 성에 대해 매우 혐오적인 태도를 취하는 경우 반동형성의 기제를 동원한 것으로 본다. 겉으로는 열렬한 동물보호운동을 벌이는 사람이 자신의 내면에는 동물학대 감정을 숨기고 있는 경우도 마찬가지다.

부정denial**과 투사**projection: 가장 원시적인 방어기제에 속하는 것으로 의식에서 받아들이기 어려운 고통스러운 내용을 사실이 아니라고 부정하거나 외부의 탓으로 돌려 마음의 평안을 얻고자 하는 기제다. '물에 빠진 장님이 개천 나무란다' '똥 묻은 개가 겨 묻은 개 흉본다' 등의 속담은 부정과 투사의 좋은 예라 할 수 있다. '잘되면 내 탓, 못되면 조상 탓' 하는 것도 투사에 해당된다.

분리불안separation anxiety: 이별불안이라고도 부른다. 아기가 엄마에게서 떨어질 때 느끼는 강한 불안 심리를 의미한다. 특히 강한 애착관계에 있거나 의존성이 심한 경우 일종의 공포반응에 가까운 극심한 분리불안을 겪기 쉽다. 이유기에 가짜 젖꼭지를 물려 주는 것도 아기의 분리불안을 가라앉히기 위한 방편에 속한다.

섹스 공포증sex phobia: 성에 대한 두려움 및 혐오감으로 성생활을 기피하는 경우를 말한다. 어린 시절 성추행을 당했거나 성에 대한 외상적인 기억이 있을 경우 성인이 되어서도 성생활을 회피하는 수가 많다. 설혹 무의식적 억압으로 기억에서 사라진 경우라 해도 결혼한 후 성생활에 직면했을 때 기억이 살아나 자신도 모르게 회피반응을 보일 수 있다.

신경증neurosis: 프로이트가 노이로제라 명명한 신경증은 극심한 퇴행과 인격 기능의 붕괴를 수반한 정신병적 상태와 달리 불안이나 공포증, 강박사고, 전환과 해리, 신체적 반응 등 주로 내적 갈등에서 비롯된 심리적 상태를 말하며, 비록 정도의 차이는 있겠으나 대부분의 사람들도 다소의 신경증적 경향을 띠고 있다고 할 수 있다.

애도과정mourning process: 애도과정은 사랑하는 대상이 죽었을 때 느끼는 상실감을 극복하는 정상적인 과정을 의미하며, 비록 외관상으로는 비탄과 낙심상태에 빠지고 현실생활에 무관심해짐으로써 우울증처럼 보이기도 하나 병적으로 장기간 지속되는 것은 아니다. 애도과정에서는 죽은 사람에 대한 집착이나 회상, 심지어는 죽은 사람과 자신을 동일시하기도 한다.

애정결핍affection hunger: 어려서부터 적절한 부모의 사랑과 관심, 인정을 받지 못한 상태를 뜻하지만, 주로 모정의 결핍을 의미하는 수가 많다. 우울하고 불행에 처한 엄마일수록 자신의 아기에게 무관심하거나 냉담한 반응을 보이기 쉬운데, 그런 엄마에게서 키워진 아기는 성장해 가면서 소심하고 우울하며 불안정한 심리에 빠져 외톨이가 되거나 적절한 친구관계를 맺는 데 어려움을 보이기 쉽다.

양가감정ambivalence: 동일한 대상에 대해 서로 공존하기 힘든 상반된 감정이 동시에 존재하는 상태를 말한다. 예를 들어, 사랑과 미움의 감정이 동시에 공존하는 경우가 이에 속한다. 이런 감정의 기원은 어린 시절 경험에서 비롯되기 쉬운데, 예를 들어 애정과 체벌을 동시에 보여 준 부모에 대한 상반된 감정경험 등이 단적인 예라 할 수 있다. 그런 태도는 정신분석 과정에서도 나타나기 마련인데, 자신을 돕기 위해 애쓰는 치료자에 대해서도 친밀감과 적대감을 동시에 느낄 수가 있다.

에로스Eros**와 타나토스**Thanatos: 에로스는 리비도를 중심으로 삶에 활력을 주는 본능 에너지를 말하며 삶을 해체하는 파괴적 본능 타나토스에 반대되는 개념으로, 그래서 '삶의 본능'으로 번역되기도 한다. 에로스는 개인의 생존을 보존하는 역할뿐 아니라 종족 보존을 목표로 하기도 한다. 반면에 타나토스는 삶을 지속시키려는 에로스에 반대되는 본능적 에너지로 삶을 파괴하고 해체시키고자 하는 특성을 지니기 때문에 '죽음의 본능'으로 번역되기도 한다. 따라서 폭력이나 적개심 등 모든 공격적 성향의 출현은 타나토스의 표출로 간주된다. 그러나 오늘날 에로스와 타나토스 개념은 받아들여지지 않고 있다.

엘렉트라 콤플렉스 Electra complex: 남아의 오이디푸스 콤플렉스와 따로 구분해 여아에서 아버지에 대한 강한 소유욕과 어머니에 대한 적대감을 지니게 되는 경우를 엘렉트라 콤플렉스라고 부르는데, 칼 융이 처음 명명했다. 그러나 프로이트는 별도의 명칭을 거부하고 여아의 경우에도 오이디푸스 콤플렉스 개념을 동일하게 적용했다.

오이디푸스 콤플렉스 Oedipus complex: 이성의 부모에게 이끌리고 동성의 부모에게 경쟁심을 갖게 되는 아동기 시절의 갈등상황을 가리키는 용어로 프로이트는 이러한 갈등적 삼각관계에 빠진 시기를 오이디푸스 단계로 부르고 인류 보편적인 현상이라 했으나 말리노프스키 등 인류학자들은 그런 주장에 반기를 들기도 했다.

자기징벌 환상self-punishment fantasy: 자신의 공격성 표출이 여의치 않을 경우 그런 공격의 대상이 오히려 자기에게로 쏠리거나 또는 극심한 죄의식으로 인해 자기 자신을 스스로 처벌하고자 하는 자학적이고도 자기파괴적인 환상을 말하는데, 자신의 몸을 스스로 자해하거나 자청해서 위험한 상황에 몸을 내던지기도 하며, 심할 경우에는 자살로 이어지기도 한다.

자아 정체성ego identity: 미국의 정신분석가 에릭 에릭슨이 소개한 개념으로 타인과 구분되는 자신만의 독자적인 연속성과 고유성을 유지하는 독립적인 인식을 뜻한다. 그는 이것이 청소년기에 마주치고 해결해야 할 가장 중요한 심리적 과제라고 설명했는데, 자기 자신의 정체가 과연 무엇인지에 대해 혼란을 일으키며 정신적 방황을 겪는 시기가 청소년기라는 점에서 이런 개념을 소개한 것이다. 하지만 성적인 정체성 면에서 또는 사회문화적 차원에서 정체성의 혼란을 느끼는 경우도 있다.

잠재적 동성애latent homosexuality: 노골적인 형태로 드러난 동성애와는 달리 본인도 인식하지 못하는 동성애적 성향을 뜻하며, 대부분 무의식 안에 억압되어 있기 때문에 그런 충동이 의식 표면으로 떠오르려 할 때는 자신도 모르게 억압하려 들거나 강한 불안을 느끼게 된다.

전치displacement: 부정적인 감정이나 긴장감을 상대적으로 위험하지 않은 대상으로 옮겨 자신의 심리적 균형을 유지하고자 하는 정신방어기제의 하나다. '종로에서 뺨 맞고 한강 가서 눈 흘긴다'는 속담이나 화난 김에 돌멩이를 걷어차는 행동 등은 전치의 기제를 가리키는 것이다. 엉뚱한 대상에 화풀이하는 대부분의 행동은 전치에 해당된다. 하지만 반드시 나쁜 감정만이 아니라 좋은 감정도 전치될 수 있다.

퇴행regression: 예기치 못한 위기나 곤경에 처했을 때 자신을 스스로 방어하기 위해 심리적으로 마치 어린아이처럼 행동하는 경우를 말하는데, 더 이상 앞으로 나아가지 못하고 어린 시절로 되돌아가기 때문에 퇴행이라고 부른다. 가장 전형적인 경우는 정신병 환자에서 볼 수 있으나 정상인에서도 흔히 나타나는 방어기제로, 예를 들어 술에 취해 어린아이처럼 굴거나 연인끼리 사랑을 나눌 때도 퇴행적인 모습을 보이기 쉽다.

편집증paranoia: 기본적으로 사람을 믿지 못하고 의심하며 매우 경직된 사고와 감정의 특성을 보이는 성격을 편집성 인격이라 부르는데, 이들은 자신의 결함을 남의 탓으로 돌리기 쉬우며, 항상 타인들이 자신을 음해하려 들지도 모른다는 피해의식을 갖기 쉽다. 그러나 그런 피해의식이 깊어지면 망상단계로까지 진전되어 피해망상에 사로잡히게 되는데, 그런 경우를 편집증 상태라고 부른다.

피해망상 persecutory delusion: 타인들이 자기를 해치기 위해 음모를 꾸미고 위협을 가한다는 망상이다. 단순히 주위 사람들이 자신을 무시하고 미워한다는 피해의식과는 달리 피해망상은 구체적인 방법으로 자신을 해치려 든다고 굳게 믿는다. 대부분의 경우 자신의 내면에 간직한 부도덕한 욕망이나 죄책감, 열등감, 적개심, 불신감 등 의식에서 용납하기 어려운 내용들을 외부로 투사해 거꾸로 주위에서 자신을 해친다고 여긴다.

참고문헌

김혜남(1995). 정신분석과 예술. **정신분석, 6**(1), 58-86.

김혜남, 백기청, 최종혁(1998). 미술과 정신분석. **정신분석, 9**(2), 268-287.

서승원(1994). **뭉크**. 서울: 서문당.

이무석(1997). 빈센트 반 고흐의 생애에 대한 정신분석학적 조명. **정신분석, 8**(2), 146-162.

이병욱(2004). 모딜리아니의 인물화에 대한 분석적 논평. **정신분석, 15**(2), 219-227.

이병욱(2004). 창조성과 정신병리. **정신분석, 15**(2), 166-179.

이병욱(2012). **정신분석을 통해 본 욕망과 환상의 세계**. 서울: 학지사.

이병욱(2013). **위대한 환자들의 정신병리**. 서울: 학지사.

이병욱(2018). **어머니는 살아있다**. 서울: 학지사.

이병윤(1990). **정신의학사전**. 서울: 일조각.

이주헌(2003). **화가와 모델**. 서울: 예담.

장소현(2000). **아메데오 모딜리아니**. 서울: 열화당.

전영백(2008). **세잔의 사과**. 서울: 한길아트.

전준엽(2011). **나는 누구인가**. 서울: 지식의숲.

조선미(1995). **화가와 자화상**. 서울: 예경.

최상운(2013). **인상파 그림여행**. 서울: 소울메이트.

Arieti S(1976). *Creativity: The Magic Synthesis*. New York: Basic Books.

Arnheim R(1974). *Art and Visual Perception: A Psychology of the Creative Eye*. Berkley & LA: University of California Press.

Arnold M(1986). *Edvard Munch*. Hamburg: Rowohlt Taschenbuch Verlag GmbH. 김재웅 역(1997). **뭉크**. 서울: 한길사.

Baxandall M(1974). *Painting and Experience in Fifteenth Century Italy*. Oxford: Oxford University Press.

Brenot P(1997). *Le Genie et La Folie: en peinture, musique et litterature*. Paris: PLON. 김웅권 역(1997). **천재와 광기**. 서울: 동문선.

Cumming L(2010). *A Face to the World: On Self-Portraits*. New York: HarperCollins. 김진실 역(2012). **화가의 얼굴 자화상**. 서울: 아트북스.

Eissler KR(1961). *Leonardo da Vinci: Psychoanalytic Note on the Enigma*. New York: International University Press.

Fell D(1997). *The Impressionist Garden*. London: Frances Lincoln.

Freud S(1908). Creative Writers and Day-dreaming. *Standard Editions, 9*, 141-153. London: Hogarth Press.

Freud S(1910). Leonardo Da Vinci and a memory of his Childhood. *Standard Editions 11*, 59-137. London: Hogarth Press.

Freud S(1914). The Moses of Michelangelo. *Standard Editions 13*, 211-238. London: Hogarth Press.

Freud S(1925). A Note Upon the 'Mystic Writing-Pad' *Standard Editions 19*, 226-232. London: Hogarth press.

Hall J(2014). *The Self-Portrait: A Cultural History*. London: Thames & Hudson.

Humfey P(2007). *Titian*. London: Phaidon Press.

Kallir J(2003). *Egon Schiele: Life and Work*. New York: Harry N Abrams Inc.

Klein M, Berger M, Braun E, Garb T, Pollock G(2004). *Modigliani: Beyond the Myth*. New Haven: Yale University Press.

Klein MC, Klein HA(1975). *Käthe Kollwitz: Life in Art*. New York: Schocken Books.

Kligerman C(1980). Art and the self of the artist. In: *Advances in Self Psychology*, ed. A Goldberg. New York: International University Press.

Lacroix A(2001). *Se noyer dans l'alcool?* Paris: PUF. 백선희 역(2002). **알코올과 예술가**. 서울: 마음산책.

Langdon H(1999). *Caravaggio: A Life*. New York: Farrar, Straus and Giroux.

Mathews NM(2001). *Paul Gauguin, an Erotic Life*. New Haven: Yale University Press.

Maurois A(1942). *Terre promise*. Paris: Flammarion.

Perry G(1979). *Paula Modersohn-Becker: Her Life and Work*. New York: Harper & Row.

Pollock GH(1978). On siblings, childhood sibling loss, and creativity. *The Annual of Psychoanalysis, 6*, 443-481.

Rabb TK(1993). *Renaissance Lives: Portraits of an Age*. New York: Pantheon Books.

Rewald J(1978). *Post-Impressionism: From van Gogh to Gauguin*. London: Secker & Warburg.

Rizzuto AM(2002). Psychoanalysis and art: a psychoanalytic view of the life and work of Cezanne. *International Journal of Psychoanalysis, 83*(3), 678-681.

Sandblom P(1989). *Creativity and Disease*. Philadelphia: J. B. Lippincott.

Steinberg S, Weiss J(1954). The art of Edvard Munch and its function in his mental life. *Psychoanalytic Quarterly, 23*, 409-423.

Storm J(1958). *The Valadon Drama*. New York: E. P. Dutton.

Turner J(2000). *From Monet to Cézanne: late 19th-century French artists*. Grove Art. New York: St Martin's Press.

Unger MJ(2014). *Michelangelo: A Life in Six Masterpieces*. New York: Simon & Schuster.

Wattenmaker RJ(1993). *Great French paintings from the Barnes Foundation: Impressionist, Post-impressionist, and Early Modern*. New York: Alfred A. Knopf.

Zigrosser C(1951). *Prints and Drawings of Käthe Kollwitz*. New York: Dover Publications.

저자 소개

이병욱(Lee, Byung-Wook)

서울 출생으로 고려대학교 의과대학을 졸업하고 동 대학에서 박사학위를 받았다. 한림대학교 정신건강의학과 교수로 재직하면서 정신치료와 정신분석에 주된 관심을 기울여 121편의 논문을 발표하였으며, 대한신경정신의학회 학술부장, 한국정신분석학회 간행위원장과 회장을 역임하고, 제1회 한국정신분석학회 학술상을 받았다. 현재는 개인적으로 인간심리 연구 및 저술 활동에 전념하고 있다.

〈저서〉
프로이트, 인생에 답하다(소울메이트, 2012)
마음의 상처, 영화로 힐링하기(소울메이트, 2012)
정신분석을 통해 본 욕망과 환상의 세계(학지사, 2012)
정신분석으로 본 한국인과 한국문화(소울메이트, 2013)
세상을 놀라게 한 의사들의 발자취(학지사, 2014)
프로이트와 함께하는 세계문학일주(학지사, 2014)
위대한 환자들의 정신병리(학지사, 2015)
카우치에 누운 시인들의 삶과 노래(학지사, 2015)
영원한 맞수와 적수들의 세계(학지사, 2017)
자살의 역사(학지사, 2017)
어머니는 살아있다(학지사, 2018)
아버지는 살아있다(학지사, 2018)

자화상을 통해 본 화가의 심리세계

거울에 비친 유명화가 35인의 심리세계를 엿보다

Self-Portrait and the Artist's Psychology

2019년 7월 10일 1판 1쇄 인쇄
2019년 7월 15일 1판 1쇄 발행

지은이 • 이병욱
펴낸이 • 김진환
펴낸곳 • ㈜ **학지사**

04031 서울특별시 마포구 양화로 15길 20 마인드월드빌딩
대표전화 • 02)330-5114   팩스 • 02)324-2345
등록번호 • 제313-2006-000265호

홈페이지 • http://www.hakjisa.co.kr
페이스북 • https://www.facebook.com/hakjisa

ISBN 978-89-997-1856-4 03180

정가 18,000원

이 도서의 국립중앙도서관 출판시도서목록(CIP)은 서지정보유통지
원시스템 홈페이지(http://seoji.nl.go.kr)와 국가자료공동목록시스템
(http://www.nl.go.kr/kolisnet)에서 이용하실 수 있습니다.
(CIP 제어번호: 2019025196)

출판 · 교육 · 미디어기업 **학지사**

간호보건의학출판 **학지사메디컬** www.hakjisamd.co.kr
심리검사연구소 **인싸이트** www.inpsyt.co.kr
학술논문서비스 **뉴논문** www.newnonmun.com
원격교육연수원 **카운피아** www.counpia.com